Life Story Work:
A practical guide to helping children understand their past
By Tony Ryan and Rodger Walker
©2007
Tony Ryan and Rodger Walker/British Association for Adoption and Fostering
This translation ©2010 Fukumura Shuppan Inc.
First published in English 2007
by the British Association for Adoption and Fostering,
Saffron House, 6-10 Kirby Street, London EC1N 8TS

生まれた家族から
離れて暮らす子どもたちのための

ライフストーリーワーク実践ガイド

Life Story Work

A practical guide to helping children understand their past

トニー・ライアン
ロジャー・ウォーカー 著

才村眞理
浅野恭子
益田啓裕 監訳

福村出版

刊行に寄せて

　約30年前「養護児童の声」活動が起こり、当事者の意見表明とその成果が英国社会的養護現代化の原動力となったと最近論じたが、本書によりそれは事実の一面であると気づかされた。「主体性」（identity）確立がなければ、自分に起こっていることやその状況を人は認識できないし、それを他者に自分の意見として表明することなどできないからである。つまり、英国社会的養護現代化の過程では、当事者の「主体性」確立を支援するエンパワメント実践（ライフストーリーワーク）の成果が「養護児童の声」活動につながり、主体となりえた当事者が存在して初めて実質ある当事者活動が可能になったわけである。

　そう考えると、ライフストーリーワークと「養護児童の声」は、別ものではなく、社会的養護当事者のエンパワメントを支援（けん引）する機関車の両輪であるといえる。児童の内面に即していえば、「自分は誰か（過去）」「なぜここにいるのか（現在）」ということが彼ら自身に理解・納得されていないと、厖大なエネルギーを費やさざるをえない「自分探し」に疲れ果てて、「自分はどうなるのか、どうしたいのか（将来）」を考え、行動を起こさなければならない現実に向き合うことは難しい。このように、社会的養護児童の主体性を確立させるエンパワメント支援の一環として、ライフストーリーワークは、彼らの自立準備に不可欠な作業（ワーク）と位置づけられよう。

　才村教授らの研究会は『生まれた家族から離れて暮らす子どもたちのためのライフストーリーブック』を2009年刊行している。関係者の自己満足や「ワークなしアルバム造り」に陥る懸念を筆者は抱かなくもなかったが、研究会は、「ワーク」実績の長いBAAF（英国養子縁組里親委託協会）の専属トレーナーを招聘したワークショップで、専門スキルとしての「ワーク」修得の努力を積み重ねてきている。「ブック造り」は「ワーク」の主構成要素ではあるが、「ワーク」の全プロセスを理解し、「ワーク」実践スキルに習熟しなければ、「ワーク」は実践できない。手ごろな『日本型「ワーク」指導書』が必要な理由はそこにあろう。

　本書は、そうした指導書作成を目指した研究会活動の成果であり、ライフストーリーワークが本邦社会的養護現代化に打って出る第一歩でもある。英国に比べ実践環境が40年は遅れている現状で養護児童の自立支援に真面目に取り組む者に、本書の意義と効力ははかり知れないであろう。

　2010年11月

京都府立大学教授　津崎哲雄

翻訳に際して

　本書はイギリスのBAAF（British Association of Adoption and Fostering）つまり英国養子縁組里親委託協会が2007年に作成した、"*Life Story Work : A practical guide to helping children understand their past*"（Tony Ryan and Rodger Walker）の翻訳です。最後の18章のみ翻訳ではなく、日本でこのライフストーリーワークの実施を広げていけるよう、実情を読者に知っていただくために執筆したオリジナル版です。ライフストーリーワークとは、子どもが、生まれた家族についての正確な情報を得、家族についての自分の感情を吟味し、なぜ元の家族から離されなければならなかったのかを理解する機会を与えられ、安全な未来を築くチャンスを得ることが出来るために行うプロセスです。なお、本翻訳書は平成21年度科学研究費補助金（基盤研究C）による研究課題「子どもの知る権利擁護におけるライフストーリーワークのあり方」（研究代表者　才村眞理、課題番号21530634）の助成による翻訳冊子『ライフストーリーワーク──子どもの生い立ち理解のための実践ガイド』をベースに作成したものです。

　日本で近年、里親や児童養護施設等で暮らす子どもたちのライフストーリーへの関心が高まってきています。私たちは、大阪ライフストーリー研究会を2005年に立ち上げ、生みの親から分離され、施設入所や里親委託、養子縁組した子どもたちが自身の生い立ちを振り返ることを通して、自分自身がかけがえのない大切な存在であることを再確認し、未来に向かって力強く生きていくことを支援するためのツールを作りたいと活動してきました。そして、まず子ども自身がその生い立ちの記録として書き込むことができるライフストーリーブック（『生まれた家族から離れて暮らす子どもたちのための　ライフストーリーブック』才村眞理編著　福村出版2009年）を、同じくBAAFの作成したブックを参考に出版しました。

　しかし、このライフストーリーブックを子どもたちが作成することをサポートするためには、実施者がスキルアップする必要がありました。本書の翻訳はこのような必要性から取り組んだもので、ライフストーリーワークを実践していくためのマニュアルとして活用できるよう、出版しました。

　私たちは、生まれた家族から離れて暮らす子どもたちが幸せに暮らすことが出来るために、ライフストーリーワークの試みを日本に定着させることが必要であると確信し、より多くの方にこのワークを実践していただきたいと願っています。是非、皆さんに手にとっていただければ幸いです。

　最後に、翻訳に際して、津崎哲雄氏にイギリスの法律や制度・機関名など多くの助言をいただきました。御礼を申し上げます。

2010年11月

才 村 眞 理

もくじ

はじめに ■9

1 なぜライフストーリーワークは効果があるのか？ ■12
2 子どもとのコミュニケーション ■24
3 ライフストーリーワークをはじめるまえに ■31
4 はじめる ■35
5 いくつかの質問に答える ■45
6 子どもが感情について語れるようになるための援助 ■49
7 ライフストーリーブックのいくつかの構成要素 ■56
8 架け橋：過去・現在・未来 ■73
9 ライフストーリーワークを超えて ■84
10 黒人の子どもたちとワークをする ■91
11 グループで使ってみる ■99
12 障害のある子どもたちとのワーク ■111
13 性的虐待を受けてきた子どもたちとのワーク ■116
14 そのほかの設定におけるライフストーリーワーク ■121
15 対話的アプローチによるライフストーリーワーク ■131
16 ライフストーリーワーク用対話的ソフトウェア ■142
17 ライフストーリーワークを終えて ■147
18 日本の課題 ■152

引用文献・もっと学びたい人のために ■159
あとがき ■164

著者について

トニー・ライアン（Tony Ryan）は、2005年に退職しているが、現在でも養子縁組のアセスメント活動・コンサルタントとトレーナーに従事している。退職前は、リーズ教区カソリックケア養子縁組チームのマネージャー、リーズ市社会福祉部の里親・養子縁組の主席専門官を務めていた。

ロジャー・ウォーカー（Rodger Walker）は、リーズ市社会福祉部の里親・養子縁組のリソース・チーム・マネージャーである。前職はリーズ市社会福祉部トレーニング部門での主席専門官であった。

協力者について

以下にあげるのは、旧版の各論の話題について、短い記事を寄稿していただいた方々である。所属等の詳細情報は更新されていない可能性がある。寄稿者に確認すべくあらゆる努力を続けているが、すべての方々の情報が確定されているわけではないことをお断りしておきたい。

Ann Atwellは、ダムフリーズエンドギャラウェイ地区ソーシャルワーク部で、住居の斡旋に携わっている。

Rose Dagooは、ロンドンのポスト・アダプション・センターの黒人ソーシャルワーカー兼カウンセラー。子どもの法的後見人（Guardian）でもある。

Maureen Hitchamは、ニューキャッスルのロイヤル・ヴィクトリア病院マルコム・サージェント小児ガン部門のソーシャルワーカー。

Jean Lovieは、ニューキャッスル市のHIV/AIDSサービス部職員。

Gerrilyn Smithは、リバプールにある、Alder Hey子ども病院の要社会的養護児童向け児童・思春期メンタルヘルスサービス部主任。コンサルタント臨床心理士。家族療法家。

以下にあげるのは、改訂版への協力者である。

Bridget Bettsは、開業ソーシャルワーカーで、自身も養子縁組を受けた経験をもつ。養育者と子どもを対象に、永年養子縁組に関するトレーニングと準備活動に従事しており、その活動にはライフストーリーワークも含まれる。

Afshan Ahmadは、1989年にソーシャルワーク活動を開始する。1998年に里親ケア協会（Foster Care Associates）に加入。社会福祉学ディプロマ（DipSW）、高等教育ディプロマ（DipHE）取得。現在は里親ケア協会の国際ライフストーリーコーディネーターであり、ライフストーリーワークの作成と専門家養成トレーニングに携わりながら、子どもの措置に関する実践活動に従事している。

掲載されたイラストと写真について

以下にあげるのは、この版にイラストを提供していただいた方と、写真モデルになっていただいた方である（原著に掲載されている人々である：訳者注）。

Zoe Harmar
Matt Harmar
Jack Bone
Jane Lynch
Ben Lynch
Alice Searle
Sophie Hyland Ward
Rikki Harris
Nicki Heywoodと彼女の娘
Jacob Desai
William Finnis

個人的な写真と書類の転載を許可していただいた、トリッグ家のみなさまに感謝いたします。

謝　辞

　この実践活動を発展させるにあたり、活用されているアイディアを考えられた、すべての方々に感謝します。

　ライフストーリーワークに私たちが関心をもち始めたのは、1980年代のころで、その当時、私たちは年長で複雑な問題がある子どもを養子縁組する人々を募集するチームで働いていました。私たちは、養子縁組を控えた年長の子どものために、何か準備できることがないか探していた時に、クラウディア・ジュエットの『年長児を養子にすること』（*Adopting Older Children*）という本に巡り合いました。その著書で彼女は、子どもが住んでいる場所を移る際の準備にかかわるものとして、ライフストーリーワークを活用することについて述べておられました。

　それ以来、私たちや関心のある他の方々が、アイディアを発展させ、ライフストーリーワークをうまく活用してきました。また、ソーシャルワークにおける他の分野においても、ライフストーリーワークを発展させたものが用いられるようになってきています。開発されたもののいくつかは、ワークを実践している人々によってこの本に記されており、ライフストーリーワークの応用に関する彼らの貢献と洞察に、深く感服しています。私たちは、ソーシャルワークのこの領域において、他の方々が実践されているすべてのワークを評価しています。そして、私たちのライフストーリーワーク実践の手助けをし、この経験によって救われたすべての子どもたちに感謝します。

　諸外国において、私たちの活動を支持していただいた方々にも感謝します。彼らのおかげで、旧版のライフストーリーワークは各国で翻訳・出版されています。

　私たちの妻、マーガレットとジョイは、私たちの活動を一貫して支えてくれました。彼女たちにも感謝します。

　最後に、私たちを支え、激励していただいたBAAFの方々にお礼申し上げます。

2007年2月

トニー・ライアン

ロジャー・ウォーカー

この版について

　新たに全面的に改訂され、最新の情報に更新されたこのライフストーリーワークが出版の運びとなったことを喜んでいます。このベストセラーのガイドは1992年から出版されていますが、この本に先立ち、『ライフストーリーブックを作る』(*Making Life Story Books*)の初版が、同一の著者によってBAAFから1985年に出版されています。ライフストーリーワークは、今や社会的養護を受けている子どもへのアプローチとしては、必要不可欠な作業になりました。ライフストーリーワークは、子どもが過去の経験を受け入れることを支援し、彼らの生い立ちの歴史を紡ぎ、そして、彼らが里親や養子縁組の家族に移る際の準備をします。この数十年における実践活動の発展に伴い、エレクトロニクスのマルチメディアの使用も含まれるようになりましたが、長年試行錯誤されてきたテクニックも依然として健在です。

　BAAFでは、他にも子どもへの実践に活用できる資料が出版されています。ジーン・カミスの『マイ・ライフ・アンド・ミー』(*My Life and Me* 『生まれた家族から離れて暮らす子どもたちのためのライフストーリーブック』〈福村出版、2009年〉として日本語版が出版されている；訳者注)は、子どもと若者が、内容を書き込めるライフストーリーブックです。シャイラ・ショーとヘッジ・アージェントの『ライフストーリーワーク─それは何か、そして、何を意味するか』(*Life Story Work: What it is and what it means*)は、子ども向けにライフストーリーワークを説明するもので、ライフストーリーワークの使い方とその効果が記されているガイドです。他にも、インフォメーション・プラス(Information Plus)社から販売されているブリジット・ベッツとアフシャン・アフマド作成の『マイライフストーリー』(*My Life Story*)は、子どもと若者がコンピュータを用いて対話的に用いることができるプログラムです。これらの資料についての詳細は、この本の巻末に記されています。

　2007年

シャイラ・ショー

はじめに

　1980年代以降、私たちや関心のある他の人たちが、ライフストーリーワークについて書きはじめ、その活用の場を広げてきたが、今やライフストーリーワークは社会的養護のもとにいる子どもたちに対するソーシャルワーク実践の確たる一部となった。ライフストーリーワークは、現在では、イングランドとウェールズの養子縁組に関する最新の法律において、必須事項とされている。ほかの国々のソーシャルワーカーもまた、この概念と実践に関心をもつようになり、『ライフストーリーワーク』（*Life Story Work*）の旧版は、ドイツ語、セルビア・クロアチア語、ハンガリー語、チェコ語で出版された。

　子どもたち自身が、ライフストーリーワークの過程によって導き出され、事実と認められる情報を求めてきたのである。イングランドの児童権利保障担当部長（Children's Rights Director）によって最近書かれた小冊子のなかで、養子縁組の際に子どもが何を欲するかについて2006年の調査が引用されている。子どもがリストアップした上位7項目は、過去について話をしてほしいということであり、以下の内容が含まれていた。

1　なぜ、自分が生まれた家族と共に暮らせず、養子縁組されたのか
2　自分が生まれた家族についての詳細
3　個々の子どもが（ほかの人から）尋ねられるようなほかの情報
4　養子縁組されるまえの自身の生活情報
5　どこで生まれたのか
6　どこか別のところに住んでいるきょうだいがいるのかどうか。もし、そうならどうして、きょうだいと離ればなれになったのか
7　生まれた家族とコンタクトを取ることが出来るかどうか

（CSCI〈ソーシャルケア監査委員会〉, 2006）

　私たちは、これらすべての疑問に、ライフストーリーワークの過程で答えることが出来る、答えるべきであると提唱したい。

　マルチメディアの利用可能性が広がったことで、ライフストーリー「ブック」よりもむしろ、ライフストーリー「ワークの**過程**」について議論する必要が高まっている。なぜなら音声や視覚情報も含め、あらゆる種類の記録媒体が今や使用できるようになっているからである。加えて、実際に何らかの成果品を作らずに、このワークをすることも可能である。なぜなら、重要

なことは、まさに単なる「成果品」よりもむしろ「過程」だからである。しかしながら、記録は、子どもやほかの人が参照するためだけでなく、子どもの人生についての情報録としても役に立つものである。

　1985年に『ライフストーリーブックを作る』（*Making Life Story Books*）の初版が出版されてから、ソーシャルワークは大きく発展し、その結果、実践と強調点にも変化がみられた。とくに子どもたちや若い人たちを対象としたソーシャルワークにおける変化は大きかった。

　子どもの話に耳を傾け、子どもの視点や希望を尊重するというのが、この発展の中核的なものであったが、法律の改正は、それを加速したにすぎなかった。そしてまさにそのことが、ライフストーリーワークの中核ともいえることなのだ。2002年養子縁組・児童法（The Adoption and Children Act 2002）では、再び子どもの視点の重要性が強調されている。そして、養子縁組をするまえに、何らかの形でのライフストーリーワークを子どもと一緒にやり終えておく必要があるということを強調しながら、子ども自身についての包括的な情報を与えられなければならないとしている。

　ライフストーリーワークは、もはやオリジナルな概念とはみなされておらず、養子縁組や里親委託を成功させるための計画・準備の中核的なものとなるまでに進化してきたと考えている。ライフストーリーワークが良質なソーシャルワークに不可欠とされるなら、措置の失敗を減らす一助となるであろうし、社会的養護（State Care）のもとにいる子どもには安定した家庭での養育が最善の結果を生む、としている政府の目的にも合致するだろう。興味深いことに、国際的にみても、児童養護政策が、施設養護から永続的な家庭を基盤としたケア（Family based care）に移行しつつある国々で、ライフストーリーワークはとくに関心が高い。

　スコットランドや北アイルランドでは、法律で必須事項にはされていないが、子どもの希望や気持ちを考慮することの必要性は、法律に謳われている。そして、こうしたことを、生まれた家族から分離されて、代わりの家族を必要としている子どもたちを対象としたソーシャルワークの中心的要素とすることが、良質な実践には不可欠とされている。近年、適切な場合には、生まれた家族と継続的にコンタクトする必要性もまた認められ、実践されてきているので、子どもたちがこうした継続的な家族とのコンタクトに向き合えるよう準備する必要がある。子どもが、生まれた家族についての正確な情報を得、また、家族についての自分の感情を吟味し、自分のたいへんな過去や、なぜ元の家族から離されなければならなかったのかを理解する機会を与えられ、安全な未来を築くチャンスを得るのに、ライフストーリーワークは理想的と言える。年長の子どもの養子縁組が増えたことにより、養親には、特別な要求が課されるようになっている。つまり、子どもの過去や、その過去が現在にもたらすあらゆることについて知ることが要求されているのである。養子縁組は生涯続くプロセスであり、人生のある一時だけ影響を与えるようなものではないのだ。

　ライフストーリーワークは、こうした一連の進歩のなかに位置づけられており、今回の改訂

版では、これを反映している。しかしながら、ライフストーリーワークが必ずしも子どもを援助する最良の方法というわけではないだろう。いつ、どのように、ライフストーリーワークを行うのが有効かの決定は、実践的な知恵と経験にもとづいて、同僚からのコンサルテーションを受けたあとになされるのが理想的であろう。

ライフストーリーワークは実践の方法であって、治療モデルではない。私たちは不適切な使用を耳にして心配している。たとえば、子どもの置かれた状況からは高度な、長期にわたる治療が必要なはずなのに、ライフストーリーワークがその代用品として用いられるといったケースである。おそらく、資源が限られていて子どもが必要とするものに適切に対応できないからであろう。

あなたがワークのやり方を理解し、かつそれを行う十分な空間と時間がある場合以外は、どうかライフストーリーワークあるいは子どもたちとのいかなるワークも引き受けないでほしい。——私たちには子どもたちに出来る限り充分な養育をする義務があるのだ。

この本は、実践、法律、専門用語の発展と変遷を考慮して改訂され、更新されている。情報技術の発展とライフストーリーワークに活用できるその可能性を反映して、新しい章が加えられた。

実施者と、子どもたちを支援するためにライフストーリーワークを用いることに興味のある人たちにとって、子どもたちが自分の過去の経験を受け入れ、生活の変化を理解し、新しい家庭での新しい生活に適応していけるよう支援する際に、このガイドが役立つものであり続けてほしいと思う。

1

なぜライフストーリーワークは効果があるのか？

　生みの親と暮らしている子どもたちは、自分の過去のことを知り、そして両親やほかの人たちと話し合うことを通して過去を理解し、現在と照らし合わせて過去の出来事を明確にすることが出来る。生まれた家族から離された子どもたちは、こうした機会がないことが多い。なぜなら、子どもたちの家族も、ソーシャルワーカーも、家も、そして近隣の人々も変わってしまっているからだ。その子どもたちの過去は失われ、過去の多くが忘れられている。
　子どもたちが自らの過去の軌跡を見失うと、情緒的かつ社会的に成長することが難しくなることが知られている。もし大人が過去について子どもと話すことが出来ない、あるいは話さないとしたら、自分の過去はひどいものだったのだろうと子どもが考えてしまうのは当然のことである。

ラ イフストーリーワークとは何か？

　ライフストーリーワークは元の家族から離された子どもたちに、こうした過去を幾分でも取り戻させる試みである。子どもたちの人生とそのなかでの重要な人々に関する事実を収集することは、子どもたちが過去を受け入れ、そして事実を知ったうえで、未来へと進みはじめる助けとなる。私たちは、こうして引き離された子どもたちの多くが、思いやりのある大人

1 なぜライフストーリーワークは効果があるのか？

に、自分の過去、現在、そして未来について話をすることで多くのことを得ると知った。ライフストーリーワークは子どもたちに話をするための枠組みを提供する。実際、このようなプロセスからは、誰しも利益を得ることが出来る……子どもも大人もである。ソーシャルワーカーが大人を対象に実施してきたワークも興味深い（その事例は、文献リストにあげている）。大人も、自らの方向付けをするために、関心を向けたり、向けられたりすることを体験する必要があったのである。同様に高齢者も「回想療法」（reminiscence therapy）から多くのことを得ている。エイジ・コンサーン（Age Concern）は、グループ形式で行う、非常に効果の高い一連のワークを生み出してきたが、それによって、懐古の想いのパワーが示され、アイデンティティの感覚が確認されている。

生みの親から離された子どもたちは、児童養護施設や、養育里親のもとにいたり、あるいは永続的な新たな家族のところに行く、または生みの親のもとに返る、といういずれの状況にあっても、なぜ自分は親から引き離されたのか、なぜ大人は自分の世話をすることが出来なかったのかということについて整理する必要がある。以前は、私たちが責任を負っている子どもたちに、このような整理をする機会を与えないことが多かった。子どもたちと一緒にワークを重ねてきた経験から、ライフストーリーワークはこの必要性を満たす有益な手段の1つであり、すべての子どもたちが何らかの形で恩恵を得たと、私たちは確信している。

ライフストーリーワークの結果として、ブックやビデオ、録音テープ、コンピュータファイルが作られるかもしれないし、あるいは単に実施した各セッションの記録のみが残るかもしれない。必ずしも何らかの成果品を残す必要はない。かかわった子どもたちや若者に、多くの利益をもたらすのは、成果品というよりもむしろ、過程である。「記録」こそが成果品である。

すべての子どもたちは自分の過去と家族に関して正確な情報を知る権利がある。自分の家族と安心して暮らす子どもたちは当たり前のことと考えている権利である。生みの親から離された子どもたちにとっても、こうした情報を得る権利は同じように重要なのである。子どもたち自身のためだけではなく、その子どもたちが親になり、将来生まれる子どもたちにとっても重要なのである。

ライフストーリーワークは高齢者に合わせて取り入れるだけでなく、子どもたちと離れて暮らしている親たちに適用して役立てることも出来る。現在保護されている子どもたちの親のなかには、自身も社会的養護のもとで養育された人が少なくない。親が誰かとライフストーリーワークを行ったという可能性は非常に低い。しかし、もし大人になった今、親たちとライフストーリーワークを行うなら、子どもと親の双方にとって、また一緒に暮らせない家族にとっても、別れて暮らす理由をはっきりさせる助けとなり、離れて暮らすことを有効に活かすことが出来る。

2002年養子縁組・児童法（イングランドとウェールズ）では、子どもの人生に影響を与える話し合いに子どもたちを参加させるべきであることが改めて強調されている。ライフストーリー

ワークは子どもたちに年齢に応じた情報を与える1つの手段になり、そして子どもたちが十分な情報を得たうえで決定を下すことが出来るようになる。たとえば、ある子どもが生まれた家族のなかで自分に性的虐待を行った大人が誰であるかを明らかにした場合、同じ状態が続く家庭に戻ることは不可能であるということを、その子どもは理解しなければならない。

ライフストーリーワークは、2002年養子縁組・児童法の根本的理念——子どもとその家族に参加させ、そして関与させる——を補完するものであるべきである。

ライフストーリーワークから子どもたちは何を得るか？

ライフストーリーワークは子どもたちに自らのことについて体系的かつわかりやすく話す方法を学ばせる。危険なあるいは理想化された幻想があるときは、そのことを明確にすることが出来る。いったん完成すれば、それは記録として残り、子どもたちと子どもたちの了解を得た養育者はいつでも、とくに重大な局面でその記録を参照することが出来る。

ライフストーリーワークによって、子どもたちの自尊心を高めることが出来る。というのは、悲しいことであるが、生まれた家族から離されたほとんどすべての子どもたちの心の奥には、自分は厄介者であり愛されない人間であるという考えがある。彼らは大人の行為の責任は自分にあると感じている。自分の親あるいはほかの家族の人たちに見捨てられたり、放置されたり、あるいは傷つけられたりという経験をすると、子どもたちは自分がそれらを引き起こしたのだと思い込むのである。

ケイト・ケアンズ（Kate Cairns, 2002）は、こうした感情の別の側面を描写している。彼女の報告によると、子どもたちのなかには、自分の存在が本質的にあまりにも「悪い」ので、自分のことを話すと、ほかの人々を「汚してしまう」かもしれないと感じている者もいるとのことである。ワーカーであるあなたは、トラウマや痛みと結びついた気持ちを子どもが表現しても、対処することが出来る大人は、**自分**なのだ、ということを、子どもにはっきりと示す必要がある。

ライフストーリーワークは、なぜ自分を誇りに思うべきかを子どもたちに示す機会となる。そして、こうした肯定的な姿勢が、ワークの成果品としてのブックやビデオやほかの記録のなかで、はっきりと示されるべきである。たとえば、生みの親について話すとき、あなたは子どもたちに、適切な言葉を選んで（どんなに痛ましい内容であっても）、家族のことや、なぜ社会的養護を受けることになったのかについて本当のことを説明するかもしれないが、その際重要なことは肯定的な側面を強調することなのである。生みの親については中立的な言葉で話す必要がある。誰もが親であることを得意とするわけではないこと、だからといって彼らがそのほかの点でも駄目だというわけではない、という言い方が出来るかもしれない。

子どものライフストーリーに一緒に取り組んでいくと、その子をずっと身近に感じるようになるだろう。私たちは、自分自身の子ども時代の記憶がいつもよみがえってくるのを経験し

た。もし、私たち自身もまた痛みを経験したのであれば、こうした痛みを子どもたちと共有する——もっとも一方で、誰のストーリーを扱っているのかを忘れてはいけない！ なかには、同時に複数の子どもたちとライフストーリーワークを行っている人がいるが、ほかの子どもの経験を話すことで、——当然、守秘義務違反にならないようにだが——子どもの気持ちを楽にすることが出来る。こうして子どもは、多くの人が子ども時代に辛いことを経験していること、そしてそれは子どもの落ち度ではないことを理解する。つまり、子どもは、親の行動に対して、罪の意識や責任を感じる必要はないのである（実際には、驚くほど多くの子どもたちが自分のせいだと責任を感じているのだ）。

　最後に、あなたと子どもは、少なくとも各セッションのいずれかの時点で、リラックスして楽しい時間をもつ必要がある。そのためにあなたは、遊び方をもう一度学びなおす必要があるだろう。これはおおいに楽しむチャンスである！ あとの章で紹介する遊びのテクニックを使って、あなたは子どもと床に座っておもちゃで遊ぶ必要もあるだろう。そうした状況では、恥ずかしがる必要はないが、もし理由を必要とするなら、遊ぶことには重要な目的があり、それは有益な技法であること、そして遊ぶことは、重大な問題について子どもと普通に話し合えるようになることと同じくらいたいせつなことだということを、知っておくべきである。すべてのライフストーリーワークで、遊びをするわけではないが、なかには遊びが必要な場合があり、遊んでいるときはあなたも存分に楽しめばよいのである！

ア イデンティティについて

　健全なアイデンティティの感覚は、誰にとってもきわめてたいせつなものである。アイデンティティの感覚が薄らぐと、子どもも大人も同様に、発達が阻害され、新たな挑戦をする能力が制限される。新しい家族に入っていくことが人生の大きなチャレンジの1つであるという子どもたちもいる。最悪の場合、アイデンティティの感覚が薄らいでいるせいで、子どもが「凍りついて」しまい、過去に過度に固執して、未来のことを考えはじめることが出来なくなってしまう。その結果、無気力、無関心や、宿命的な人生観に陥ることもありうる。

　アイデンティティは、複雑な概念である。おそらくそれは生後6カ月くらいのときに「内的」自分と「外的」自分が初めて分離して、個々人のなかに芽生える。この「自分」という考えが生まれることは健康な発達に不可欠なものであるが、それが何らかの出来事あるいはたいせつな人（母親や父親など）が適切に反応しないといったことで妨げられると、深刻な問題が生じる可能性がある。

　「自分」というものを理解することは難しく、とりわけ自分のルーツから切り離され明確な未来をもたない子どもたちにとっては難しい。しかし、より簡単に定義できる部分をいくつか取り出して、それについて子どもとオープンに話し合うことで、「自分」というものの理解は

よりしやすくなる。その方法の1つは、過去、現在、そして未来について話をすることである。

過去を構成しているものは、場所、重要な日時、人々、変化、喪失や別れ、そしてその他のうれしかったり悲しかったりする出来事、病気や休日、誕生日などがある。

現在を構成しているものは、自己イメージ、過去への反応、そして次のような問いへの答えである。「私はここで何をしているのか？」「私はどこに属しているのか？」「ほかの人は私をどのようにみているのか？」

未来を構成しているものは、次のような問題である。「私は何になるのだろう？」「私はどこに住むのだろう？」「私にはどんなチャンスがめぐってくるのだろう？」「ほかにどのような変化が起こるだろう？」

私たちが共にワークした子どもたちの多くは、みじめで悲しみに沈んだ気持ちを感じていた。未来に目を向けることは、そういった気持ちを和らげ、希望とやる気に変えていくものであるべきだ。子どもとのライフストーリーワークでは、過去、現在、そして未来にかかわる問題を、子どもにとって自然に感じられるように取り上げることが出来る。こうすることによってあなたと子どもは、過去と現在に関する事実をはっきりさせ、子どもが人生で遭遇した出来事や人々についての謎をとく方向に幾分でも進む機会が得られるだろう。同様に、未来についての希望や疑いを取り上げて、新しい家族や状況への「橋渡し」（過去を未来へつなぐこと）をはじめることが出来るだろう。

アイデンティティ理論（identity theory）に関する部分は、最低限しか触れていないので、あなたはもっと専門家の意見を知りたいと思うかもしれない。さらに詳しく学びたい人のために、巻末に参考文献をあげている。

誰が子どもたちとライフストーリーワークを行うべきか？

私たちは、語ることに癒しの効果があると固く信じている。どのような人であれ、ライフストーリーワークをして、のちになって子どもが付け加えたり、見返すことの出来るライフストーリーブックやビデオや何らかの残る記録をつくることに時間を費やし、子どもにかかわろうとする人であれば、子どもとライフストーリーワークをする適任者といえるだろう。

このワークを開始しようとする人は誰でも、子どもと必要な時間を過ごすことや、スーパーバイザーのサポートを得るための許可を必要とするだろう。また、課題の複雑さを理解し、自分の役割や子どもとのワークへのかかわり方を明確にしておく必要があるだろう。

この課題に取り組む人はみな、定期的な話し合いの機会を通して、子どものソーシャルワーカーやそのほかの重要な人々から、積極的な支援を受ける必要があるだろう。私たちは、このようにして、養親、里親、そして多くの施設ソーシャルワーカーが子どもたちとワークをするのをうまく手助けしてきた。また（2002年養子縁組・児童法の精神が奨励するように）その子が

生まれた家族も参加させるよう、誠実な努力をすることが重要である。もっとも、どの程度生まれた家族を参加させるかに関しては常に子どもの意向を考慮すべきであるが。

ライフストーリーワークはあなたに何を要求するか？

> 里親に委託された子どもや養子縁組した子どもは、旅の途上にある。その旅は、困難でいっぱいである。子どもたちは、その旅の間、誰かがそばにいてくれると感じる必要があるし、旅について考えるのに役立ち、安全と感じさせてくれる枠組みを必要としている。
> （Schofield and Beek, 2006）

子どもとのこの旅をスタートするにあたり、とりわけ、あなたは時間、感受性、子どもに対する共感と、このワークへの覚悟を必要とする。子どもに耳を傾ける、子どもを理解する能力は、何にもまして重要である。（本書のあとの章で示しているように）そのスキルや特別な技法は学習することが出来るし、経験は実践によって積まれるものである。

ライフストーリーワークを子どもと共に行う人は誰であれ、子どもが見せるかもしれない糸口をつかむために注意深く、忍耐強くあらねばならない。子どもが乗り気でなかったり、あるいは、あなたが信頼できるかどうかを試していて、セッションでたいしたことが起こらない時期には、とりわけ注意深くかつ忍耐強く取り組まなければならない。また子どもに対して細やかな思いやりが必要である。ライフストーリーワークには、こうすべしといった設計図はないのであって、常に子ども自身が鍵となる。あなたは子どもに自らの人生について話をさせる方法を見つけ、あなた自身の考えを子どもに押し付けることを避ける責任がある。明らかに誤った情報を記録させてはいけないが、同時にまた、あなたが主導権を握って、子どもの人生の「専門家的解釈」を作り出してはいけない。結局のところ、それは子どものライフストーリーであり、子ども自身が自分の人生をどのようにとらえているのかということが重要なのである。

また記録を修正することが出来るということを子どもに伝えることもたいせつである。なかには重要な情報をあとになって打ち明ける子どもがおり、その子は、そのことをライフストーリーに追加したいと思うだろう。

経験の少ないワーカーがおかしがちな失敗はあるが、常識的判断によって、容易に避けることが出来る。

1 子どもがあなたに対して抱いている信頼を、決して裏切ってはいけない（あとに示すような例外的な状況を除く）。
2 あなたが不快に感じるからといって、子どもが話したいと思うことについて話し合うことを避けてはいけない。

1 なぜライフストーリーワークは効果があるのか？

3 子どもに言うべきことを指示してはいけない。
4 いったんライフストーリーワークに取りかかったら、ワークをやっている途中で子どもを見捨てて、誰かが仕上げてくれるだろうなどと期待してはいけない。あなたと子どもの両方が、定期的なセッションを終了することに合意するまで、あなたはワークを続けなければならない。
5 ライフストーリーワークの成果品や、ライフストーリーワークを続けることを、ご褒美（ほうび）や罰として使ってはいけない。ただ、あなたの生活や人間関係の通常のものとして取り組むこと。
6 あなたのペースではなく子どものペースで進めること……実際、そのようにした方が早く進む！　子どもをせかすと、かえってペースが落ちたり詳細についていい加減になったりする。
7 一貫して、信頼されるようにしよう……あなたがいつやって来るか、子どもがわかるようにすること。ワークをはじめたのに、また時間があるときに来る、などと言わないこと。こんなことを言えば、子どもはあなたを信用しないだろうし、傷ついてしまうだろう。

効果的であるためには、あなたはその過程に積極的に取り組む必要があるだろう。そうすることによってあなたは、共感と関与を示すことが出来るが、ワーカー自身が多くのことを触発される可能性があり、自らの痛ましい記憶がよみがえるかもしれない。したがって、スーパービジョンを受け、こうした問題を何でも話す機会を確保しておくことが重要なのである。

子どもが性的虐待を受けていたことをあなたに初めて打ち明けたときは、ある種の情報は子どもを保護する責任を担っている大人に伝えなければならないことを、子どもにはっきりと伝えなければならない（13章「性的虐待を受けてきた子どもたちとのワーク」を参照のこと）。

ラ イフストーリーワークはいつ行うべきか？

スタートするまえに、以下のような質問を、自身に問いたい気持ちになっているかもしれない。

あなたはこのワークを行うのにふさわしい人ですか？	はい・いいえ
あなたの機関はこのワークに関与していますか？	はい・いいえ
あなたは必要なトレーニングとサポートを受けられますか？	はい・いいえ
かかわる人すべての役割ははっきりしていますか？	はい・いいえ
ライフストーリーワークの計画会議をもっていますか？	はい・いいえ
誰が子どもとワークをしますか？	
とるべき行動：	

1 なぜライフストーリーワークは効果があるのか？

　開始するために必要なお互いへの信頼が大人と子どもに十分あり、継続して行う時間があるならば、ライフストーリーワークはいつでもはじめることが出来る。ライフストーリーワークは、子どもが児童養護施設からある家庭へ移る準備の一部となることもあるだろうし、子どもが人生をありのまま受け入れる助けになることもあるだろう。

　理想的なのは、ケース再審査会議あるいはケース会議で、ライフストーリーワークを行うかどうかの決定が下されることである（実際のところ、独立ケース再審査官〈the Independent Reviewing Officer〉の役割は、ライフストーリーワークを行うのに不可欠な情報が集められているかどうかを監督することである）。同時に、誰が、何を、どの段階で行うかも決定されるだろう。

　はじめるまえに、あなたはその子どもとかかわっている人たちと計画会議をもつ必要があるだろう。たとえば、里親、子どもの教師、（もしあなたがソーシャルワーカーでないなら）ソーシャルワーカーなどである。これは、「退行」のような、子どもの反応に対して、ほかの人たちに備えてもらうために、また、出来る限り多くの情報源を得るために重要なことである。

　ときに、このワークが裁判所によって指示されることがあり、裁判所がタイムリミットを設ける場合がある。場合によっては、ライフストーリーワークを、子どもの参加なしに、裁判所の要請にこたえるために実施することもある。これはライフストーリーワークではなく、法的要請に見合うために作成された、単なる子どもの生育歴である。もし、このようなことが起こったら、子どもの法的後見人（Guardian）を巻き込むか、さもなければ、そのようなプロセスの限界を指摘するために、裁判所に対して申立てをする必要があるだろう。

　そして、関係するすべての人が、ワークを実施することをサポートし、あなたに事実と情報を与え、問題解決の手段を提案するなどしてくれるだろう。「子どもの人生、あるいは子どもを知る日」（Life or Child Appreciation Day, 29ページ参照）のおかげで、多くの記憶の隙間が埋められ、ライフストーリーワークは、おおいに助けられるだろう。里親や養親は、ソーシャルワーカーやこれまでのほかの保護者代理に支援を求め、進捗状況を定期的に話し合う機会をもつべきである。同様に、あなたがもしソーシャルワーカーあるいは施設ソーシャルワーカーであるなら、十分なスーパービジョンを受けることが非常に重要である。

　子どもが使えて、理解できるような枠組みをもつことは重要である。つまり、ワークの長さや頻度、そして実施する場所などを示す枠組みである。この枠組みはワークがスタートするまえに、子どもと話し合って決めることが出来るし、簡単な「契約書」の形をとることが出来る。

　子どもにかかわる「チーム」のほかのメンバーが、子どもの進歩や退行について耳にしたときには、このことを、ライフストーリーワークを行っている大人と話し合うべきである。また彼らは子どもが過去の経験を再現したり、安心の再保証を求めたり、または荒れた行動を取ったりした場合に対応できるよう、備えておく必要がある。これが、すべて癒しの過程の一部であることを理解する必要がある。

　子どもの将来に関して適切な決定を行うためには、子どもの「チーム」へのフィードバック

も役立つ。しかし、ここであなたには、決して子どもの信頼を裏切ってはいけないということを繰り返しておく。

守秘義務をどのように扱うべきか？

　ライフストーリーワークを子どもと一緒に行っている間は、子どもがあなたに話した内容に関しては秘密を守るということは、重要な問題であり、その点について、私たちは、ずいぶんと考えてきた。私たちは、子どもと共にワークをしていた間ずっと、子どもの信頼を裏切らないことと、ほかの人と情報を分かち合う必要性との間のせめぎ合いについて、満足のいく解決を図ろうと試みてきた。

　問題の1つは、里親、ソーシャルワーカー、そして施設ソーシャルワーカーという子どもの人生にかかわる重要な大人たちは、「チーム」アプローチという手法を取っている点にある。彼らは子どもを援助するという目的のために、情報をプールしておくことがたいせつであると感じている。もちろん子どもは同じように考えないだろう。私たちは、子どもたちと1対1でワークをしているときにはいつも、そのとき話したことを2人だけの秘密にして欲しいと子どもが望んでいることに気づいた。子どもたちが自分の心のなかの世界を打ち明けてくれても、彼らはそのことをライフストーリーブックに記録する準備さえ出来ていなかったりする。たとえば、彼らは過去に出会った人で、かつ未来にもかかわりがあるかもしれない人に対する怒りを表現し、あなたはそのことをほかの人に伝える必要があると感じるかもしれない。そのような場合私たちは、詳細は開示せずにその秘密の概要のみを分かち合うようにしている。

　私たちが、子どもにかかわる主要な大人たちに対して、子どもはおそらく、ある事柄に関しては秘密にしておいて欲しいと望むだろうし、私たちはこの思いを尊重するつもりであるということを、常にはっきりと伝えている。子どもの助けになると確信しているので、特定の事柄について、ほかの人に話すことを許してほしいと子どもに説明することもできる。あなたが何を言ってもよいかについて、子どもと交渉することも出来るだろう。こうしたことは、それ自体、子どものためになるだろう。なぜなら、それが、過去に起こったかもしれない痛ましい出来事について話し合う、新たな枠組みになるからである。しかし、開示されたことが、あまりにも深刻なことであって、あなたが黙っていられない場合もあるだろう。たとえば、子どもが自分に性的虐待を行った人物が、今でも実際に子どもたちを虐待し続けていることを知っている場合などである。保護と子どもへの危険性という問題に関連して、あなたは、ほかにもさまざまな事例を思いつくだろう。

　そのような場合、あなたはその子どもやほかの子どもたちを守るために、情報を共有する必要があることを、その子に説明しなければならない。あなたが子どもに約束できることは、絶対的な必要性があるとき以外は情報をほかの人に話さないということ、そしてあなたは子ど

もの味方であって、何かを尋ねられる場合には必ず傍にいることを約束し、子どもが決して虐待を受けないように守るということを保証することである。またあなたは、開示してくれたことをほかの人に話すタイミングについて、理にかなう範囲で、子どもとの間に合意を形成しておくことも出来るだろう。一般的に子どもが虐待の開示をためらうのは、誰も自分を助けたり守ったりしてくれないと思い込んでいるからである。もしあなたが子どもの信頼を得ているなら、子どもは話してくれるはずである。その信頼を裏切らないよう注意しよう。

ライフストーリーワークはどのようにして終わるのか？

あなたと子どもの両方が、今現在までに、出来るだけのことはすべて取り上げ、そして定期的に行っていたセッションを終了してもよいと合意する段階まで到達したとしよう。この地点は子どもによって異なる。しかし、もしライフストーリーが単なる写真アルバム作りになってしまっていたり、わずか3〜4回のセッションで終了するというのであれば、あなたはその内容を疑ってみるべきである。そのような場合は、出来上がったものを見直して、（児童記録や、あとで紹介するような空所補充式の質問表を通して）細心の注意を払うべきだとあなたが知っている特定の時期について、子どもが適切に書く／描くことが出来ているかを確認する。

私たちは、人生が続いていくのと同じように、ワークにも終わりがあるとは、決して考えていない。しかしその過程を記録することはたいせつである。というのはワークが立ち戻るべきポイントを示すからであり、とりわけ、大人になるまで更新することが出来るからである。記録があれば、重大な局面で見ることが出来る。たとえば、子どもが過去のまぼろしや作り話を回想したり、あるいはライフストーリーワークに取りかかりはじめた頃にはわからなかった子どもの頃のことを発見したり思い出したりしたときなどである。そのときあなたは、ブックやビデオなどの関連する部分をひもといて、子どもと一緒に、穏やかに現実を再発見したり、再調査することが出来るだろう。

たとえば、私たちが子どもと新しい養親家庭について話をするとき、子どもは、自分の生まれた家族について、空想を作り上げようとすることがよくある。実際の生まれた家族には、たとえどれほど期待を裏切られてきたとしてもである。子どもたちは、どんなに満足のいかないものであったとしても、現在の比較的安定した状況を手放して、どうなるかわからない未来に直面することを自然に恐れるものである。最初にワークを行っていたときに子どもが生みの親に対して感じていた怒りを後に一緒に振り返るときに、ライフストーリーワークは役に立つだろう。その場合、ワークによって子どもはより自由になり、未来に向き合えるようになるだろう。

福祉チェックリスト（The Welfare Checklist）

　裁判所は、子どもが何を希望しているのか、そしてその希望をもつ理由をはっきりさせるために、ソーシャルワーカーが子どもに働きかけるよう要求している。子どもの最善の利益が何かを決定をするにあたって、裁判所は1989年児童法（the Child Act 1989）に示された福祉チェックリストに注意を払うだろう。それは、生涯にわたる子どもの福祉を検討する際に、裁判所が考慮する要素のリストである。英国のどこにおいても、同様のことが要求されている。

　子どもとソーシャルワーカーが裁判所に伝えるべき内容について合意に達する過程で、ライフストーリーワークは役に立つ。私たちは、以下に述べるチェックリストの最初の4項目にとくに注目している。裁判所が考慮すべきことは以下の通りである。

- **a** 対象となる子どもの確かな希望と気持ち（子どもの年齢と理解力を考慮すること）
- **b** 子どもの身体的、情緒的、そして教育的ニーズ
- **c** 環境の変化に伴って起こりうる子どもへの影響
- **d** 子どもの年齢、性別、背景、および裁判所によって関連があるとされているほかの特性

　チェックリストの**b**では、裁判所が子どもの情緒的なニーズは何かを聞くよう要求し、**c**では、ソーシャルワーカーの助けを借りて、変化によって自分にどんな影響があるかを、子どもがしっかりと考え抜く必要性を強調している。こうしたことについて合意に達することは、ライフストーリーワークの眼目であるべきだ。

　2002年養子縁組・児童法（Adoption and Children Act 2002）における、養子縁組・措置手順（Adoption And Placement Proceedings）のための福祉チェックリストでは、リストに、生涯にわたる影響を追加している。つまり、ほかの人が受けている虐待を見たり聞いたりすることが原因で起こる機能不全も含めて、子どもがこれまでに受けてきた、また今なお受ける可能性のある被害という問題とあわせて、元の家族の一員であることをやめて養子になるということの生涯にわたる影響をもまた、考慮されなければならないのである。

　この本は私たち自身の経験にもとづいている。ここで私たちが述べたことが、あなたの役に立ちこそすれ、落胆させることにならないでほしい。あなたは、子どもを傷つけるのではないかとか、あるいはあまりにも大きな痛みを与えるのではないかと心配しているかもしれない。もし、その子どもに責任をもってかかわるのであれば、あなたはライフストーリーワークを遂行する適任者であり、短期的に子どもに何らかの痛みを経験させたとしても、長期的にはその埋め合わせ以上のことが出来るであろう。あなたが子どもを傷つけてしまう可能性のある唯一の行為は、完成するまえに責任を放棄して去ってしまうことである。

子どもとワーカー両者にとって、痛みを伴う問題が、必然的に起こってくるだろう。しかしそれにもかかわらず、子どもたちは過去と現在を理解することを必要とし、かつ望んでおり、また、それが出来ると、子どもたちは、希望をもって未来へと歩んでいけるということが研究結果により示されているのである。

1 なぜライフストーリーワークは効果があるのか？

2

子どもとのコミュニケーション

　次の『10か条』は、アメリカの団体であるSpaulding for Childrenの前理事のケイ・ドンリー（Kay Donley）の著書である『新しい扉を開く』（*Opening New Doors*）から直接引用したものであるが、私たちの考えと同じく子どもとやり取りするときには「事実のすべてを言う」という主旨のものである。ここで使われている用語はアメリカの社会的養護システムを反映したものであるが、そのメッセージは（アメリカ国内だけではなく）世界共通である。

1　子どもと話すときには、ありきたりな言い回しは避けよう。

　子どもは、ありきたりな言い回しに気づき、そんなきまり文句を使うあなたは、本当は子どもとの話し方をわかっていない大人であることを、すぐ、はっきりと見破ってしまうだろう。子どもとワークをするなかで大人が使う典型的なありきたりな質問とは「学校はどう？　あなたのクラスは何組？」といった細かいことに探りを入れるような質問である。決してこんなやり方で子どもとの会話をはじめてはいけない。つまり、本当に子どものことが理解できてくれば、そのような質問をしてもよいが、最初の会話の切り出しとしては全くふさわしくない。子どもと会話をはじめる最善の方法は、あなたが誰かということや、君と知り合いになれてうれしいといったやりとりをすることだ。しばらくはそのような感じでやり取りを続けよう。

　子どもたちについてファイルに収められている大量の情報を突きつけ、子どもたち

が心の深いところで感じているものが何であるかを探ろうとして、心身ともに動揺させてしまうよりも、あなたとの距離が少しずつ縮まっていくような印象を与える方が、子どもも話しやすいだろう。ゆっくりやることだ。その子どもがとても恥ずかしがりやで引っ込み思案なのか、それともとても攻撃的なのか、最初のうちはわからない。

2　これからワークしようとする子どもは、これまで誰にもきちんとわかってもらえたり、答えてもらったことがない深い悩みを抱えているかもしれないことを想定しよう。

　　ここではとくに、両親と引き離された経験をもつ、社会的養護のもとで育つ子どもたちについて述べている。多くの場合、彼らは施設の職員や里親といった養育の担い手が途中で変わっている。子どもとかかわるうちに、誰かとても熟練して繊細な感覚をもった人が、その子が自分の身のうえに何が起こってきたのかを理解する手助けをしてくれていたことに気づく場合もあるだろう。しかし、（そのような手助けをしてくれる人がいることはごくまれであり）これまで誰もその子の深く混乱した悩みをきちんと見きわめてくれた人がいなかった、と考える方がより確かだろう。

3　社会的養護のもとで育つ子どもは傷ついていること、また損なわれてしまった部分もあることを、はじめから理解しておこう。

　　誰もが、この子は苦しんだり傷ついてはいないと言ったとしても、真に受けてはいけない。むしろ、その子は、とてつもなく鈍感な人にばかり、かかわられてきたのだろう。このような子どもは特別で、困難で痛ましい状況に直面しても例外的に優れた適応能力を発揮してきたのだろう。しかし、決まっていつも、しまい込まれた未解決の問題という、傷つきのあとがあるものだ。こうしたことを理解していれば、たとえ6カ月が経って「この子は少し変わっていますね。いわゆる『普通』じゃないですね」と言う人がいたとしても、あなたは落ち込んだり不安になるようなことはないだろう。

4　子どもとのかかわりにおけるあなたの本質的な任務は、子どもが自分自身のことをどのように自分に言い聞かせ、自分のおかれた状況をどう理解しているかを知ることである、ということを忘れずにいよう。

　　あなたはその子どもの内面で起こっていることを本当に知らないと、公正にあるいは誠実に、施設職員や養育里親や養子縁組する予定の里親に対して、その子のことを説明することは出来ないだろう。単にあなたの満足のためだけに、その子の状態を理解していればよいということではない。あなたがその子どもについて理解したことを、ほかの人に伝えることが出来るようにする必要がある。これは簡単なことではない。

5 子どもとのコミュニケーションに役立つ、明確で具体的方法を身につけよう。

　　子どもは普通、誰かとやりとりをするのに、言葉だけに興味をもっているわけではない。子どもにはほかにもやりとりの手段があるので、それを見つけて、一緒に使えるようにしよう。

6 子どもの体験のなかで、あなたが、頼りになり、予測が可能で、定期的に確実に来る人になれるよう、準備をしよう。

　　あなたはある月曜日にひょっこりやって来て、簡単に「すぐに、いつかまた会いに来るよ」と言ってはいけない。ソーシャルワーカーがその子どもにかかわる次の約束があいまいだと、しばらく避けているのかなとか、またいきなり来るのかなと子どもに思わせてしまう。これでは、効果がないばかりでなく、子どもにはかえって害になることさえあるだろう。子どもが知る限りにおいて、大人というものは頼りにならず、予測できず、理解が及ばない存在なのだという、すでに固まりつつある確信を、あなたのせいで、一層強めてしまうことになるだろう。面会は、定期的に行われなければならない。多くのソーシャルワーカーは「私も本当はそうしたいが時間がないんだ」と言う。たとえ訪問の間隔が長かったとしても、定期的に面会をすることは可能なので、こんな言いわけには疑問を呈したい。子どもにとってたいせつなのは予測できるということなのだ。約束するなら、それを守ることだ（たとえあなたの方が破られることがあったとしても、あなたは約束を守ろう！）。もし、何らかの理由で、あなたが約束を守ることが出来ない事態になったのなら、出来ない理由を直接子どもに伝えることがたいせつだ。電話をかけられないからと、子どもに電報まで送ったワーカーを知っているが、それほどまでに、彼らのかかわり合いの意識は強かったということだ。

7 どの子どもの体験もその子固有のものであり、自分の人生に取り組もうとするのを支援することは、非常にたいせつであるということを覚えておこう。

　　親からのネグレクトを受けた1人か2人の子どもとのワークがうまくいったからといって、ネグレクトという経験が、子どもにとってどんな意味があるかを知っていると思い込んでワークをはじめてはいけない。確かにある状況からあなたは学んだ部分があり、別の状況でその知識を応用することは出来る。しかし、あなたは個別の子どもを扱っているのだということを心にとめておこう。見たところよく似た体験が、別の子どもにとっては全く違う意味をもつこともあるのだ。

8 子どもと一定期間以上ワークするなかで、その子がいわゆる「カバーストーリー（子どもが初めて出会う人たちに対してあらかじめ作っておく自分自身についての簡単な説明文：訳者注）」を作れるよう支援しよう。

「カバーストーリー」というのは、あまりよい表現ではない。それは、多くの人が、何かが隠されていると思うからであるが、そうではない。子どもの状況について明確で理解できる、受け入れられるような説明があるべきだ。そして、子どもはそれを思いのままに、快く使うことが出来なければならない。たとえば、子どもが新しい学校に行くと、たくさんの新しい仲間に会い、友達をつくり、近隣に住む人にも会うことになる。そうすると、子どもは自分のことを質問されるだろう。そのとき、その子どもが誰で、どこにいて、なぜこんな状況にあるのかについて、社会的に受け入れられ、納得のいく説明が出来ることは非常に重要なことなのである。不慣れなワーカーは、このことがいかに重要かを理解できず、みんなに理解されるカバーストーリーの作成を手助けしないことが非常に多い。そうすると、子どもは自分で何とかしなければならなくなり、しばしば作り話をはじめてしまう。自分の本当の状況をしっかり受け入れられると確信できなかったとき、子どもはうそをつく。一度うそが見つかると、すぐに、作り話をする子どもであるとか、最悪の場合うそつきであると、近所で噂が立つだろう。

＊性的虐待を受けた子どもたちにとって、カバーストーリーはよい秘密と悪い秘密をプライバシーという点から考えるのに助けとなるだろう。そのような子どもたちは、一般向けの人生の出来事と、そして重要で信頼できる大人とは共有できる出来事を分けてもつことが出来るだろう。

9 子どもを、多面的・複合的に見るよう、常に心がけよう。

　子どものことを理解したり、体験する正しい方法は1つではないことを覚えておこう。子どもとかかわるどの人も、ちょっと異なった視点をもったり、ユニークな体験をするものだ。子どもに我慢ならない人がいる一方で、子どもに熱くなる人もいる。あなたが本当に探し求めているのは、このようなあらゆる感じ方の組み合わせで、それらのすべてのなかに真実が埋もれているのだ。こうしたさまざまな子どもの見方のなかのどこかに、将来の里親がもつであろう「見方」が含まれている。それゆえ、このような敏感さと感受性を身につけることは、たいせつである。

10 （施設職員であれ、里親であれ）養育者に対して、子どもの生育歴の真実の意味を伝える義務があることを、最初から心にとめておこう。

　そんなことは当たり前のことで、無駄にこの点を繰り返し強調していると思うかもしれない。でも、繰り返すことがたいせつである。なぜなら、多くのソーシャルワーカーは、あれこれ悲しい話をすることは危険をはらんだ権利侵害であり、子どもを助ける唯一の方法は、特定の事柄を隠すことだと考えているからだ。これはソーシャルワーカーが悩んだり、不快に思うものであり、だから隠されている。なぜなら、ソーシャルワーカーが、事実を隠しておいた方が、子どもが人生や職業紹介のよりよいチャンスをつかめるし、適応しやすくなると感じているからである。

例外なくこれにより、子どもと養育者は、子どもの生育歴や過去の問題や困難に、もう一度直面することになる。これは、ほとんどのソーシャルワーカーにとって苦しい作業であるが、あなたが取り組んで、耐えなければならないものだ。

(『新しい扉を開く』〈*Opening New Doors,* Kay Donley, 1981〉から許可を得て引用)

は じめるまえに

子どもが自分の家族のことやなぜ離れて住むのかについて言っていることに、耳を傾けたり、話し合ったりしていると、ライフストーリーワークという考え方が自然に出てくるだろう。『10か条』に示されたケイ・ドンリーの業績から引用されたガイドラインがある。

1　ライフストーリーワークをはじめるときも、実施中でも、その目的は、あなたがその子どもに関心があり、何を話してもかまわないことを子どもに示すことである。あなたは子どものことをもっと知りたいと思っており、定期的に子どもを訪ねて、あなたのことをもっと知りたいということをはっきりと述べることが出来るだろう。

　あなたが話している相手は相談に来たクライエントのような存在で、それがたまたま子どもであったという意識をもっておかなくてはならない。つまり、あなた自身が仕事の調子がどうかを他人に話そうと思う程度にしか、子どもも学校でうまくやっているかどうかをあなたに話したいとは思わないということだ。どの大人も、「学校はどう？」と聞くし、子どもも、それは他人が使う、会話の糸口だとわかっている。あなたがその子どもを知るようになり、子どももあなたが本当に自分に興味をもっているのだとわかると、学校での様子を素直に話すようになるだろう。

　最初からすごく意味のあることを言う必要はない。ただ単に、その子どもと、その子ども自身のことを話すために、また、恐らくは、その子どもの人生についてのブックか映像か、録音テープをつくるためにやってくるのだと伝えるだけでよい。それぞれの子どもは、大人と同じで、異なるペースでワークをする。自然な形でワークをすればよく、子どもの方もあなたと友達になりたいと思えたら教えてくれるものだ。

2　ライフストーリーブックやビデオを作るアイデアを示すのに、慎重にゆっくり取り組む必要を感じるなら、あとで記述する質問形式のブックからはじめてもよい。

3　ライフストーリーワークを子どもと生活を共にしていない人がはじめるときには、必ず時間を守るようにすべきだ。決して「1、2週間後会いに来るよ」などと言ってはいけ

ない。日を決めたらそれを守ろう。あなたが約束を守れないときは、電話をかけ、子どもに直接なぜ行けないのか、次はいつ行く予定かを話そう。あなたは、子どもたちの生活のなかでそういうことをしてくれる初めての人になるだろう。そして、子どもはあなたを信用するようになるだろう。

4 あなたが子どもと一緒に住んでいたら、互いに都合のよいどの時間でも話すことが出来る。けれど、それに加え、決まった時間を決めておくべきである。そうすれば、ワークを続けることに子ども自身が責任をもつ必要がなくなる。あなたは、いろんな話題をそのままにしておいてはいけないし、ワークを進めず何週間もやり過ごしてしまってはいけない。

5 「子どもの人生、あるいは子どもを知る日」（Life or Child Appreciation Day）

「子どもを知る日」には、その子の人生に重要な役割を果たした人たちが集まることによって、案内役や進行役を得ながら、みんなで一緒にその子どもの人生を眺めていくことが出来る。またこのような集まりをもつことは、その子どもの人生の主要な出来事、変化や動きを年代順に記録したり、出来事や環境に対するその子どもの受け止め方や反応に影響を与えた要因を理解したり、その子どもについての逸話を記録することにも役立つ。

私たちが「子どもの人生、あるいは子どもを知る日」の概念を最初に認識するに至ったのは、ゲーツヘッド市の養子縁組チームの活動を通じてのことであった。

普通は、そのような集まりは、養親がその子どもに会ってから間を置かずに、理想的には、顔合わせの段階で開かれる。それに先立ち、子どもの年代順の記録と、可能であれば、その子どもの成長記録も用意しておく。このようにして、集まりに先立ちフローチャートにまとめることが出来、ここからその子どもにかかわってきたのが誰なのかが明らかになる。現在その子どもの世話をしている人、ソーシャルワーカー、以前の里親、保育士、学校関係者、保健師などは、確実に参加してもらう方がよいだろう。持ち寄った情報には今まであまり目立たなかった食い違いがあるだろうが、たとえば保育所の担任やファミリーセンターの調理員、家庭保育の保育ママといった人たちの助けを借りて、たいてい修正することが出来る。

「子どもを知る日」は、その子どもが自分の経験をどのように理解してきたかを知る機会となるだろう。また、新たにその子どもの世話をする人が、その子どもがどのような子どもであるかを把握することにも役に立つだろう。関係者は写真やおもちゃ、思い出の品などを持ってくるように言われる。このように導かれた「探索」によって、お互いのやりとりをきっかけに参加者たちは子どもの愛着にまつわる能力が懸念されるかもしれないといったような、子どもの人生における出来事やエピソードを思い出すことが

出来るのである。こうした懸念も、里親が子どもとの関係をどう育んできたかといった説明を聞けば、和らげられるだろう。とりわけそれが養子縁組あっせんの申込の意思を揺るがすような良くない情報であったとしても、その子の実像が示されることが重要なのである。5人きょうだいの末子の4歳の子についてのある集まりでのことである。その女の子は、きょうだいと直接のかかわりをもたない計画であった。彼女を里子にしようとしている里親は、きょうだいと会わせようと考えていたので、悩んだ。訴訟手続き中にかかわっていたソーシャルワーカーが言うには、児童心理学者が問われて答えたところによると、その心理学者の意見と経験からして、その家庭の子どもたちはトラウマを経験しており、性化行動を起こす可能性があるので、きょうだいと会うことは、非常に大きなリスクになるということだった。そこで、養子縁組支援機関が毎年発行している、養親と里子の写真も載った「ニューズレター」を活用し、子どもの近況は「ニューズレター」により家庭に伝えることにしてはどうか、ということになった。

　この集まりを終える頃には、その子の人生に対する里親の知識と理解はかなり深まっており、この先待ち受けている試練に対してもより前向きな心構えが出来ていると思われる。

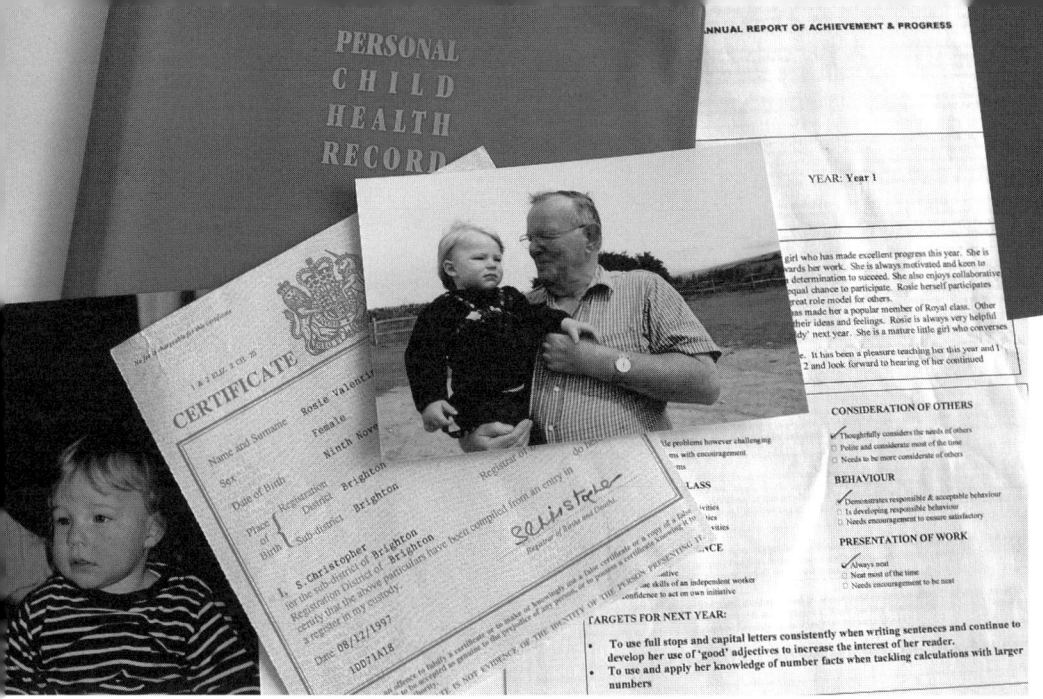

ライフストーリーワークを
はじめるまえに

最初のリサーチ

　あなたは、ワークを一緒にはじめるまえに、その子どもの「公式な」背景を正しく把握しておかねばならない。もしあなたがソーシャルワーカーならば、児童記録を当たってみることになるだろう。もしあなたが養子縁組している親や養育里親であり、いずれ子どものライフストーリーワークを手助けすることが以前から決まっていた場合には、子どもの担当のソーシャルワーカーはきっと情報をくれるだろう。どこでも、出来るところで、「子どもの人生、あるいは子どもを知る日」(Life or Child Appreciation Day)をもつことは役立つ。

　必要なすべての情報を得るまで、しつこく求めることを躊躇してはいけない。わからないところがあれば、それが解決するまで再調査を求めたらよい。

　何か困ったことがあれば、問題を「解決」するために再調査を求めることが出来るという権利を行使する。子どもの情報を、注意深く徹底的に読む。決定がなされた理由や、移動の理由などを書きとめながら、情報を年代順にそろえ、整理する。記録が抜けているところがあれば、時期を書き出しておき、その時期の情報が集められるようにする。こういった調査をすることで、子どもの生活年表 (life graph) を組み立てることが出来る。あとの章で参考例を示し、生

活年表の詳細を述べる。

　この過程で、子どもが性的虐待を受けていたと疑わせる情報を見つけるかもしれない。ソーシャルワーカーはこの情報をどう扱うかを決める必要があるだろう。子どもが元の家族で、性的虐待が行われていたのではないかと大人に「推測」してもらうことは、性的虐待を受けたことをまだ開示していない措置児童にとって、非常に有益なことである。子どものケースファイルを、このように全体を通して腰をすえて読み返した人が、それまで誰もいなかったということは、よくあることだ。子どもの人生において重要な人と連絡を取る**まえに**、たとえば、元の家族で何らかの性的虐待が行われていた場合、その子どもも被害を受けていたか否かの確認をすることが非常に重要だ。性的虐待の加害者は、子どもに口封じするためならどんなことでもする。そして、（その加害者に）子どもが再び会うことは、子どもがトラウマ記憶をよみがえらせる引き金となると同時に、その人が再び子どもに口封じをしようとすることの引き金となる可能性がある。

　集めた情報を使い、子どもの人生における重要な人々にすぐに手紙を書こう。相手は時間をとって返事をしてくれるかもしれないし、あなたは必要なときに、こうした情報を使いたいと思うだろう。こうした作業は、その子どもに対して責任がある機関が行うべきである。ライフストーリーワークのことを説明し、ブックの計画があれば、情報や写真やほかの資料の貸し出しを求めてみる。写真はコピーをして送り主の元に返されること、あるいはコピーを送ってもらってもよいということを強調しておくのがよい。このような情報を得るために送る手紙の例を下に示す。あなたが求める資料はかなり時間が経ってから届くか、最後まで届かないかもしれない。そのときは、あなたはほかの人の助けに頼らなければならない。

　　クロフト様

　私は最近、デイビッドにかかわりはじめ、イーストフィールドチャイルドホームで生活するようになるまえの彼の生い立ちについての本を作るお手伝いをしています。
　本に載せる写真はすでに何枚か入手していますが、彼がとても幼いときの写真や、あなたの写真がありません。
　写真はとても貴重なものだと思いますが、最近では簡単にコピーも出来ます。もし写真を持っておられて、それを貸していただけるのなら、とてもありがたく思います。もちろん、コピーをしてすぐに返送させていただきます。
　あなたからのお手紙、そして、デイビッドの本についてもっとお話しできるようになることを楽しみにしています。

背景を理解する

「子どもの人生、あるいは子どもを知る日」は情報の宝庫となる。これを行えない場合には、子どものソーシャルワーカーが、子どもの人生にとって重要な人を訪ねて、できるだけ完璧な全体図になるようもっと情報を集めるべきである。重要な人には、生みの親や、広い範囲の親族、施設職員や、以前の里親も含まれる。ここでもまた、まずは、あなたの訪問の目的を彼らに知ってもらうように手紙を書く必要があるだろう。

生みの親と拡大家族

たとえ子どもと長い間会っていないとしても、生みの親との接触を恐れてはいけない。子どもと深くかかわっている人は、たいてい心配するものだ。「あの子はママのことを忘れているのに……。なぜ過去をかきまわすの？　わざわざあの子のママに面倒を起こさせるようなことをするもんじゃない」と言うかもしれない。そのような心配は当然のことである。明らかに、もしも生みの親が子どもを傷つけることになるのであれば、アプローチすべきではない。しかし、生みの親の助けを借りないことにする場合、自分の動機を確認すべきだ。それは子どもを守るためなのか、それとも、あなたを守るためなのか？

生みの親にアプローチをはじめたばかりの頃は、自分たちが引き起こすかもしれないダメージについて心配した。おそらく私たちは幸運だったのだろうが、生みの親が快く協力してくれることに驚かされるばかりであった。なぜ情報が必要なのかを明らかにしたことで、協力してもらえることになったのだ。

通常、家系図をつくるための情報をくれるのは、血縁家族だけである。家系図については、あとで詳述するが、子どもに「自分がどこから来たのか」ということを示すもっともよい方法の1つである。

両親が婚姻関係になかったときには、生みの母親が父親の情報を教えてくれることもよくあるものだ。父親について意味があると思われるような形で聞かれることは、生みの母親にとっては初めてのことになるだろう。彼は目の色は青く、身長は6フィートで、田舎が好きで、動物をたいせつにしていたというようなことを、母親は子どものために教えてくれるかもしれない。公的な調査ではこのようなことを聞かれることは全くなかっただろう。生みの母親は、裁判で証拠として使われることを恐れて、情報を提供したがらないことが多い。よって、あらゆる裁判が終わるのを待つ必要があるだろう。

子どもの父親がわからないという場合、生みの母親には父の身元を隠すための理由があるはずだ。近親姦の結果生まれた子どもたちの数を確定するのは難しい。しかし確かに、家族間で

の性的虐待は存在し、近親姦の結果生まれた子どもが存在するということは想像できる。近親姦により出生したということは公然の秘密かもしれないし、児童記録に書いてあるかもしれない。そのような情報は子どものために慎重に扱われなければならない。妊娠するということと、愛情とが必ず結びついていると思わないことが重要である。近親姦により子どもを産むと、母親は、育てていくことに消極的になる。子どもには、次のことを伝えることが重要である。すなわち、生みの母は恐らく、その子どもがそばにいるときにはいつでも、忘れたいと願っていること（近親姦の事実）を常に思い出してしまう可能性があるということである。

　生みの母もまた、自分の子ども時代のことを説明するかもしれない。こうすることで、子どもは、生みの母と一緒に暮らせないことを理解したり、折り合いをつけたりできることがある。ときに、子どもは、自分の親も、元の家族から離れて暮らしていたことや、不運な子ども時代を過ごしていたことを知ることになる。

入所施設の職員

　複数の施設で過ごした経験をもつ子どももいるだろう。施設の職員、とくにそこで長い間働いている調理士や清掃担当者や庭師が借りられる写真を持っている場合があるだろう。これらの写真は、集団のなかで子どもが映っている写真や、職員、あるいは施設そのものの写真であるかもしれない。

里親

　里親は養育した子どもの写真を持っているだろうし、ライフストーリーワークで扱える情報や逸話を提供してくれるだろう。

　写真や宝物、学校での作品、使い古したおもちゃを手にするときには、想像力とセンスをしっかり働かせよう。こうしたものは、子どもに、自分には過去があることを理解させてくれるとともに、アイディンティティや帰属意識をもたせることに役立つのである。

はじめる

　ライフストーリーワークに、決まったやり方はない。私たちのアプローチが、あなたには合っていないかもしれないし、あなたはあなたなりのやり方を見つけるかもしれない。いずれにせよ忘れないでほしい。必ずしも、目的は1冊の本やビデオもしくは成果品を作ることではない。子どもと一緒にライフストーリーワークをする過程や道のりが大事なのである。あなたは、さまざまなやり方でセッションを進めるかもしれないが、それでどのようなものが出来たとしても、出来たものは、その子ども自身のものである。

信頼関係をつくる

　子どもと定期的に会うということをはじめるとき、最初の重要なステップは、信頼関係をつくることである。たとえば、これまでの面接で、もし、このステップが達成できていないならば、今から信頼関係をつくることに特別の注意を払う必要がある。基本的には、子どもと一緒にいて話をするのに、信頼してもらえ、安心してもらえる方法を確立しておく必要がある。このようなやり方を身につけることで、とくに、子どもにとって嫌な出来事をあなたと話しやすくなるので、こういった時間は、決して無駄ではない。これは、子どもと一緒に遊んだり、日帰り旅行や映画や、ほかのいろんなレジャーに出かけることを意味するかもしれない。あなたと子どもはさほど重要でない日々の出来事を、お互いに話しはじめ、子どもが定期的にあなた

と会うことに対して感じている不安を探る機会にもなる。ときとして信頼関係を再びつくり直す必要があるかもしれない。子どもは、あなたと一緒にいるとき、一緒に活動するときに、安心できる状況でなければならない。このことは、ワークの重要な一部である。

肯定的な配慮（Positive Attending）

あるトレーニングコースで、その内容が最近BAAFによって出版された、『里親の変革――いかに関係をよくし、行動を変えていくか』（*Fostering Change : How to improve relationships and manage behaviour*, Pallet et al., 2005）という著書のなかで、とくに、印象深い記述がある。

「肯定的な配慮」という章の内容は、私たちが信頼関係をつくることをどのように考えているかということとよく合致しているので、とくに役立つと思う。下記に、いくつか抜粋して紹介する。

配慮すること

「配慮すること」はマクマホン（MucMahon）やフォアハンド（Forehand）やウェブスター－ストラットン（Webster-Stratton）のような臨床医の仕事を通して、発展してきた。「配慮」には、養育者が、適切な行動を促進・強化するために「注意」を向けるという方法も含まれる。このことは、子どもと養育者の関係が改善するのはもちろん、子どもの従順さや自尊感情のレベルを高めることにつながる。

遊び

12歳未満の子どもに対し、もっとも簡単に肯定的な配慮を行う方法は、遊びという媒介物を通すことである。遊ぶことで、子どもは、自分自身や自分をとりまく世界について学べる。遊びによって、身体の協調機能から、創造力、言葉、認知まで、一連のスキルを発達させる機会が得られる。さまざまな社会状況を学び、探求し、順番交替、共感や協力のようなスキルを発展させる手段も得る。……配慮するというスキルによって、養育者は、遊びを通して肯定的で、サポーティブで、非侵入的な配慮を与えることが出来るだろう。こうした、遊びという肯定的な経験は、子どもにとって大きな報酬となり、楽しさ、温かさ、親密さについて永続的な感覚を生み出すことが出来る。

配慮しながら聞くこと

配慮というスキルを用いることで、言語的・非言語的レベルで子どもの言っていることに波長を合わせて、子どもが言ったことを理解しているということを、穏やかに伝えることが出来る。小さな子どもや、自分の感情を認識したり表現したりすることに難しさを

感じている子どもとかかわるとき、養育者たちは、子どもの折々の感情を認識し、名づけてやる必要があるかもしれない。子どもたちは、物の名前を覚えるのと同じ方法で、感情を表す言葉を学ぶ必要がある。養育者は、「私にはあなたが悲しんでいるように見えるよ。なぜなら、ピートは遊びに来ることが出来ないからね」、あるいは、「まず宿題をするようにと言われたことで、ちょっとムッとしているみたいね」と言うかもしれない。子どもの気持ちを問うのではなく、養育者は、子どものそばにいて、自分が観察したことを子どもに伝えることが出来るのだ。遊びへの配慮と同じで、この種の聞き方は、非侵入的で、子どもの出した手がかりや糸口に応答しているものである。養育者は、必ずしもいつも正確に子どもの気持ちを言い当てることが出来るわけではないので、細心の注意を払って行う必要がある。

(Pallet et al., 2005, pp.104-109)

「配慮すること」は、とりわけ有効な手法であり、以下のように再度記述されている。

子どものリードについていきましょう。

子どものペースですすみましょう。

そばに座りましょう。

競争しないようにしましょう。

子どもの考えや創造力をほめ、勇気づけましょう。

質問するよりも、状況説明的なコメントをしましょう。

黙って遊んでいても、注意を払いましょう。

価値のわかる聞き手となりましょう。子どもを聞き手にさせないようにしましょう。

子どものごっこ遊びは一緒に加わりましょう。

不適切なふるまいは無視しましょう。

自分なりの問題解決が出来るように、子どもをはげましましょう。

笑って、楽しみましょう。

終わるまえには予告しましょう。

あなたが努力し、うまくいったことには自分にごほうびをあげましょう！

(Pallet et al., 2005, pp.114-115)

セッションをはじめる

　それぞれのセッションでは、ライフストーリーワークを進めるために、子どもを知ることに焦点をあてなければならない。とても大事なので何度も繰り返すが、これは、あなたが子どもにとって、定期的に訪問し、信頼できる、予測可能な人物になるという意味である。子どもと会う日を約束して、それを守り、時間通りに会う。もし、そうできないときには、自分で電話をかけて、メッセージを残しておくのではなく、子どもと直接話す。

　説明していることを例示するために、ときどきこの本のなかでデイビッドのライフストーリーブックを取り上げているが、かつて彼は、大人は信用できず、頼れないものだと考えていた。彼は、8回目のセッションでこう言った。「あなたは、いつも来ると言った日に会いに来るんだね」。

1回のセッションの時間をどれくらいとるべきか

　セッションの長さは、子どもがあなたと一緒に住んでいるか、子どもが集中できる時間、あなたがセッションのためにとれる時間など、たくさんの要因によって変わってくる。理想をいえば、それぞれのセッションの時間を一定に設定するべきである。おそらく1時間が集中可能な最長の時間なので、おおよそ1時間ぐらいの長さでセッションを組み立てている。

　もし、子どもがあなたと一緒に住んでいたら、週末がセッションをするのによい時間だろう。というのは、あなたも子どもも、平日のストレスから解放されて、よりリラックスしているからである。

どれくらいの頻度で会うのか

　ケイ・ドンリー（Kay Donley）は、『10か条』のなかで、あなたは子どもの生活のなかで、いつもの定期的に来る、一貫した人になるべきだといっている。「定期的」とはどういうことなのだろうか。私たちは、初期の段階、つまりセッションをはじめてから8週から10週ぐらいまでは、毎週ごとにセッションをするべきだと考えている。しかしながら、不十分になるかもしれないが、あなたは、2週間に1回が現実的だと思うかもしれない。最初の3、4週間のうちは頻繁に会うことで子どもの期待を高めておきながら、その後はきまぐれに会うというようなことは避けなければいけない。

　もしあなたが、施設ソーシャルワーカーであったり、里親あるいは養親であったとしても、また子どもと一緒に住んでいたとしても、意外に定期的なセッションを調整するのは難しい

場合がある。家族の家庭生活や社会生活のリズムのなかで、相互に都合のよい時間を見つけ出すのはしばしば困難である。家族外の人が、こうしたリズムを簡単に邪魔してしまうのである。里親の自由な時間は、子どもの時間とうまく合わないこともある。たとえば、テレビを見たい時間、友達と遊びたい時間と重なるかもしれない。

　もっとも重要なねらいは、ライフストーリーワークがはじめられるということ、そして一貫したセッションがなされているということである。とても大きな責任があるように思えて、はじめるのを躊躇するかもしれない。困難に直面した子どもと家族についての臨床経験が非常に豊富な心理療法家であるヴェラ・ファールバーグ（Vera Fahlberg）は、次のようにいっている。「今日準備をしなければ明日はより困難になっていく」。言い換えれば、時間を上手に使えば、子どもの措置（placement）の失敗を確実に防ぐ助けとなり、結果的に時間の節約になるということである。

どんな用具を用意する必要があるか

　ブックを作ろうとしているのであれば、写真やほかの公式文書を除けば、あなたが用意すべきものは、ルーズリーフ用のファイルと用紙だけである。それに加えて、ファイルにとじておく絵や書きものを作成するために、ペンや色鉛筆、のりがあれば便利だろう。ルーズリーフのファイルを使うことで、修正したり、新しい材料を付け加えたりすることが出来る。

　あるいは、『マイ・ライフ・アンド・ミー』（*My Life and Me*, Camis, 2001 『生まれた家族から離れて暮らす子どもたちのためのライフストーリーブック』〈福村出版、2009年〉として日本語版が出版されている：訳者注）というあらかじめ用意されている本を使うことも出来る。それは、らせん綴じのカラフルなライフストーリーワークブックで、それぞれの章が色分けされており、絵を描いたり、写真や、文書を貼ったりするスペースがあり、子どもが使えるようになっている。ソーシャルワーカーや養育者たちが、それぞれの章を埋めていく意味を理解できるように、実施のためのガイドラインが付録されている。

　社会的養護を必要とする子どもたちは、学習上の困難を抱えていることが多いので、子どもたちが、書くことに悪戦苦闘しないようにすることが重要である。もし、子どもからの希望があるならば、スペルを教えることも出来る。しかし、間違いを正すのは避けよう。子どものなかには、口で言ってあなたに書き取らせたり、タイプを打たせたりするのを楽しむ子どももいる。大人が下書きをして、インクで子どもに上書きをさせることも出来るだろう。いつも忘れないでほしいのは、ライフストーリーブックは、子どもにとって個人的なものであり、人に見せるためのものではないということである。乱雑で、ごちゃごちゃした作業になることを覚悟しておかなければならない。そして、子どもが望むものはなんでも取り込むことを許そう。

　もし、ビデオを作っているならば、ビデオカメラが必要なだけでなく、重要な人物や場所の

ような意味をもつ資料をフィルムにおさめられるように準備しておく必要がある。子どもたちはまた、自分を撮影することで、積極的に参加することが出来る。あなたはまた、子どもにとって重要であるもの、おもちゃや思い出の品、誕生日カード、家族の写真など、フィルムに織り込めるように、一緒に集める必要があるだろう。もし、コンピュータを利用したパッケージ、たとえば、『マイライフストーリー』(*My Life Story*, Betts and Ahmad, 2003)のようなものを使うのであれば、プログラムが動作可能なパソコンと、CD‐ROMを保管する安全な場所が必要になるだろう。

　もちろん、ライフストーリーに取り組むほかの方法は、まだある。たとえば、壁に図を描ける壁紙を使ったり、重要な思い出の品を一緒に保管しておく箱を使ったり、地図や「家系図」（Family Trees）や「家族の輪」（Family circles）を描いたりすることである。

ほかにどんな人たちが参加するべきか

　気を散らされたり妨害されたりしないようにしてワークをする必要がある。しかしながら、ワークでは、セッションの一部分でないにしても、ほかの大人が加わるのは重要である。たとえば、もしあなたが里親ならば、子どものソーシャルワーカーに、事実に関する情報のほとんどを提供してもらい、写真を見つけ出してもらう必要があるだろう。ワークが進むにつれて、子どもは、このように助けてくれる重要な大人に対して、自分の人生を見せたり話したりすることを望むようになるかもしれない。そうすることによってどのように子どもが過去を受け入れ、理解しているのか、確かめる助けにもなる。そして、作業が進むにつれて、血縁家族が、定期的に協力者として加わるようになるかもしれない。

誰がライフストーリーブックを持っているのか

　ブックが子どものものだというのは言うまでもない。しかし、子どもが管理するのを認めるべきだろうか。もちろんそうであるが、タイミングは重要である。なかには、ライフストーリーブックは子どものものだから、子どもが常に管理するべきだという人もいるだろう。この意見は、理想的であり、このワークが終了したときには確かにそうあるべきである。しかしながら、ある段階で、ライフストーリーブックを手元に置いておくと、それを破ってしまう子どももいる。過去に起こった出来事への怒りや不満の感情でいっぱいになって、その感情を直接ライフストーリーブックに向けるかもしれない。これまでは、そんなことが起こったら、価値ある写真や文書が、永遠に失われてしまったこともあった。しかし、今はスキャナーやデジカメを使って、そうならないように、パソコンのなかの安全にガードされたフォルダに入れている。だから、初期の段階では、思慮分別をもって、ライフストーリーブック、フィルム、CD

-ROMを安全な場所に置いておくことをすすめる。いつでも、子どもが見ることが出来るようにするべきだが、ライフストーリーブックは管理される必要がある。

　印字された基本となる冊子はリングフォルダーに綴られる。そうすると、子どもが、本の一部を出し入れすることが出来るし、自分の情報を見るための物理的な手段をもつことが出来る（すぐに見ることが出来るプリント画像は、パソコンのフォルダに入っている10や20の画像と同じくらいの価値がある）。たとえば、そのときに話し合っている問題の影響で、子どもが過去の特定の大人に対して感情的な反応を示すかもしれない。このことは、性的な暴力を受けてきたが、ライフストーリーワークをする段階では明らかにしていない子どもには、とくに顕著である。ブックのなかには、加害者とともに映っている写真があるかもしれない。子どもが、将来のある時点では、性的な罪を犯した親に対して肯定的な感情を述べるかもしれないが、この時点では肯定的な感情をもちようがないかもしれない。

　あなたは、写真のアルバムを別に分けることにするかもしれない（たとえ、パソコンにデジタル化をして入れられているとしても）。そして、このことで、ライフストーリーブックをいかに安全に保管するかについての問題が、多少とも解決され、子どもと共にその問題を分かち合うことが出来る。

　通常は、ブックや成果品を子どもに渡し、管理をゆだねるもっともよいタイミングは、子どもが新しい家族に加わり、新しい家族と共にいることが安全だと感じているサインを見せるようになる時期だと考えている。ブックは、子どもがほかの人に見せたいと思える誇りのある所有物になることがよくある。北アイルランドのソーシャルワーカーは、『ケアを受けている子どものためのライフストーリーブック』（*Life Books for Children in Care*）のなかでこうコメントしている。

　　ライフストーリーブックを通じて、子どもたちは少しずつ、自分の物語を獲得するようになる。というのもライフストーリーブックをほかの人たちと何度も何度も読み返し、そのたびごとに、その内容が、より鮮明になってくるからである。そのうえ、語りなおすたびに、子どもたちは、新たな問いを投げかけ、新たな認識を獲得するのである。

誰がライフストーリーブックを見ることが出来るのか

　子どもの許しがない限り、誰も見ることが出来ない。もちろん、このことは、守秘義務に関する部分でもある。とは言え、子どもにライフストーリーワークの成果品を共有するように励ますことを、あなたのワークでは大事にするべきである。たとえば、里親は、子どもに対して、ソーシャルワーカーと一緒にブックについて話してはどうかと提案する。もし子どもが同意したら、子どもの人生に起こった出来事を話すチャンスになる。おまけに、ブックを作るのを手

助けしている人が、子どもの過去についての語り方から理解度を評価することが出来る。けれど、それは、子どもが本当にブックをシェアしたいと思っているということであって、ただあなたを喜ばせるために同意しているのではないことに気をつけなければならない。

ライフストーリーワークをスタートしたときから、子どもが新しい家族に委託される計画がある場合には、どんなものが出来ても、新しい家族が見せてもらうことが暗黙の了解になる。私たちは、ライフストーリーワークの成果品に、子どもの将来への心配や希望を盛り込むようにしているので、新しい家族に見せるのはより容易になる。たとえば、子どもが自分の自転車を欲しいと考えたり、これまでの知り合いと引き続き会いたいと思っていたりする場合である。ある少女は、新しい両親から罰せられるのではないかと心配しており、ブックのなかで、「ぴしゃりと打たれるのはいいけど、ベルトでは打たないで」と書いた。ある4歳の男の子は、「また2歳になれたらいいのになあ」と、書いた。なぜこんなことを書いたのかと問われて、男の子は、「その頃は、まだママとパパが一緒に住んでいたから」と答えた。ライフストーリーワークを通して、子どもたちは、新しい家族に、安全に、自分の希望を知ってもらい、話し合うべき過去の出来事があることを知らせることが出来るようになる。

委託の日が近づくにつれて、多くの子どもたちは、新しい家族に、ブックやワークの成果品を見せてもよいと思うようになるようだ。逆に、私たちは、新しい家族に、その子に見せるために、家族のライフストーリーブックを作ってはどうかと促している。子どもたちは、この意思表示に感謝し、それはとてもよい「緊張緩和」になる。

ワークはどのようにあなたに影響するのか

これまでにも述べたように、子どもの信頼を決して裏切るべきではないし、自分が居心地悪くなるからといって、子どもが話したいと思っていることについて語り合うことを避けるべきではない。

私たちの多くもまた、喪失や分離の経験をしてきている。苦しみのもつれを解いていない子どもたちとワークをすることは、あなた自身のなかにあるこういった感情のいくつかをよみがえらせていく。あなたに起こっていることを話すことが出来る人から、助けやサポートを受けることは重要である。もしあなたが里親ならば、地域の里親組織が助けとなるだろう。これらの組織のなかには、ライフストーリーワークで子どもを援助している里親のための定期的なミーティングを開催しているところもある。それ以外の人は、子どものソーシャルワーカーに支援を求めることになるだろう。そして、ソーシャルワーカーは、同僚のサポートや上司からのスーパーヴィジョンをしてもらうことが出来る。

ど んな問題に直面するのか

　ライフストーリーワークをするなかで、子どもが退行するのは当然のこととして予想できる。「退行」とは、すでに発達上卒業してしまったような行動に戻ったり、もしくは、もっと幼い年齢の子どもがやるような行動パターンをとることである。たとえば、子どもの行動が、家族と最初に別れることになった年齢に戻ることがよくある。

　みなさんそれぞれが、自分のやり方でこの問題に取り組んでいる。しかしながら、退行した行動は続くものではないし、ライフストーリーワークを続けないサインとして受け取るべきではない。もし、子どもたちが、ライフストーリーワークがあまりにも自分たちをおびやかすものだと思ったら、ワークをやらなくなるし、しばらく退行するという行動に出るのではなく、それをはっきりとわかる形で示すだろう（次の章で、もう少し退行について議論する）。

正 直でいよう、でも残忍にはならないように

　どの子どもも、家族から分離されたことによって傷ついている。子どもと話すときには、このことを意識しておこう。子どもが人生で出会った多くの大人たちは、子どもは分離によって全く影響を受けていないし、そのことについて、話したいとも思っていないというかもしれない。あなたは分別をもって、ある段階で、子どもにこうした傷つきや怒りを表現させていくよう働きかけなければならない。子どもは、話したいと思うだろうが、話すのに充分信頼できる人を見つけられなかったのだ。あなたは、その子のすべてを知りたいと一貫して思い続けることで、子どもの信頼を得た最初の人となるかもしれない。

　多くの大人たちがしたように、子どもにあなたの見解を押し付けてはいけない。あなたは、起こった出来事を子どもがどのように考えているのかを知りたいのである。もし、あなたがそれが子どもの作り話だと思い、納得できないなら、そのように子どもに伝えなさい。でもほかの大人に反対意見を述べるときに権威的にならないのと同じように、その子に対しても、権威的になってはいけない。

　とくに、もし血縁家族のなかで発見されていない虐待が起こっていた可能性があれば、子どもに起こったかもしれないとあなたが考えていることを話すことは、役に立つかもしれない。虐待があったことはソーシャルワーカーの記録にははっきりと書かれているかもしれないが、子どもたちは覚えていないようにみえる。子どもたちが血縁家族のなかでどんなに恐ろしい暮らしをしてきたのか認識することで、トラウマを抱えている子どもが未来に希望をもち、回復のプロセスをはじめる重要な一歩になることがある。

　正直でいよう、でも残忍にはならないように。もし、あなたが隠そうとしたり、ごまかそう

としたら、子どもはそのことに気づいて、あまりあなたを信用しなくなるだろう。もし、あなたが、子どもと一緒になって、その子の家族やほかの人たちをけなしたら、子どもが自分の過去やほかの人に対する気持ちをあなたに正直に話さなくなることに、後に気づくだろう。子どもが不満に思っている人について、肯定的な側面も指摘するようにしながらも、否定的な側面は、覆い隠さないようにしよう。なぜ人がそんなことをするのかについて、公平で客観的であり続ける努力をしよう。そうすれば、子どもは、あなたが子どもと一緒になって家族や友達への不平不満を言う場合よりも、あなたを信頼するようになるだろう。子どもたちの血縁家族は子どもたちの一部であることを忘れてはいけない。家族を批判されることは、結局は自分を批判されているように感じるだろう。

　最後に、あなたの助けがあれば、子どもは、それぞれとても興味深いライフストーリーを話すことが出来るということを忘れてはならない。あなたが興味をもっていること、そして、あなたが信頼できる存在であることを知らせる。そうすれば、結果的に子どもは、自分のことについてのすべてをあなたに話したいと思うようになるだろう。

いくつかの質問に答える

　私たちは、ライフストーリーワークが困難を伴うものであることを明らかにしてきた。もし、あなたが困難のうちのいくつかに気づいていれば、向き合わねばならない困難により直面できることになるだろう。以下に、よく尋ねられる質問を紹介しておく。

　■うちの子は、幼児のときに深刻な虐待を受けた。どのように説明したらいいのか。
　私たちは、子どもの家族に関するあまりうれしくない事柄をどのように話したらよいのか、よく尋ねられる。それを説明するには、**言うべきでない**いくつかの例を示すほうが、簡単だ。

　　あなたを産んだお母さんは、あなたをとても愛していたわ。でも、仕事がなかったからお金がなくて、あなたの面倒をみられなかったのよ。

　次の新しい家族の稼ぎ手が仕事を解雇されたら、一体どうなるのだろう？　そして、生みの両親が今働いているとしたら、子どもにどのように説明するのだろうか？

　　あなたを産んだお母さんは病気になったのよ。だから、あなたは私たちと一緒に住むことになったの。けれど、あなたを産んだお母さんは、あなたを愛しているわよ。

あなたが病気になったり、産みの母親が病気から回復していたりしたらどうなるのだろう？

子どもを守るためにという思いやりにあふれたごまかしは、混乱した大人が子どもたちの痛々しい問題を避けようとした弁解にすぎない。「知識が恐怖を追い払う」というモットーは「パラシュート訓練学校」から来たものであるが、子どもが過去を理解することを支援するときにも援用可能である。

愛情にあふれ安全な家族のなかで育った子どもは、家庭生活のなかで起こるさまざまな出来事をごく自然に知り、理解するようになる。このような情報や知識がないと、子どもたちは混乱や不幸、みじめさを覚える可能性がある。

多くの場合、非常にリアルな空虚感がある。「からだがからっぽな感じ」という子どももいるし、心のなかに固い「結び目」があるといった子どももいた。知ることで、空虚感を満たすことが出来る。理解は、しばしば不合理な恐れを取り払い、固い結び目をほどいてくれる。私たちは、赤ちゃんのときに里子になった大人たちから、その後の人生で自分が養子だったことを偶然に知ることは、大きな衝撃であったと教えられた。人生のなかで積み上げられてきたしっかりとした土台が、突然、砂のように崩れ落ちる。子どものときから少しずつ、事実を知り、受け入れられるようになる方がよいのだ。

あなたの問題が、子どもが身体的虐待を受けた理由をどのように説明したらよいのかということであれば、簡単な解決策はないが、うそをつくことは助けにはならない。まだ幼い子どもであれば、早い段階では詳細をほとんど伝える必要はないが、子どもが大きくなるにつれて、質問に答えて、もっと多くの事実を話す必要がある。子どもたちは、あなたが告げたいことではなく、自分たちが知りたいことをよく質問する。注意深くその質問を聞き、子どもが尋ねたことに答えなさい。ケイ・ドンリー（Kay Donley）は、与える情報は「その年齢に適切なもの」であるべきだといっている。

デイビッド

デイビッドは、実母からネグレクトされているとみなされ、実母のもとから引き離されてしまった。しかし、実母は、悪意があったのでも邪悪だったのでもなく、どちらかというと、環境の犠牲者だった。私たちは、デイビッドにこのことを話すまえに、実母から家系図をもらった。この家系図から、彼女の不幸な子ども時代が明らかになった。彼女は助けてくれる人もお金もない17歳のとき、一間のアパートでデイビッドを抱え、たった1人で苦労していたのだと話した。

私たちはこのことがわかったとき、デイビッドにこの出来事をどのように説明するべきかについて、チームで一緒に話し合った。以下は、私たちが彼に話したことである。

君の生みの親であるメアリーは、不運な子ども時代をすごしたのだよ。彼女自身、入所施設で暮らしていたこともあった。君が生まれたときは、しばらくの間はおばあさんとと

もに暮らしていたのだが、君と２人で一間のアパートで暮らそうと決意した。お母さんは、何の助けもなくすべて１人でしなければならなかった。ときどき、孤独のあまり、外に飛び出して、君をたった１人で置き去りにした。またあるときには、どの子もするように君が泣き出したとき、激しく平手打ちをして、君に青あざが出来たこともあった。お母さんは、悪い人ではないが、小さな子どもをどのように世話をしたらよいのかわからなかったんだ。

　もし、子どもが、子ども時代のいつのことでも自由に質問してもよいということを知ったら、子どもの心の奥底にある重要な問題点を取り除くことになるだろう。過去は、もはや謎でも、話し合えないものでもなくなるのである。そうすることで、過去は解き明かされ、自然で、ごくありふれた日常的なものになるだろう。

　分離を何度も経験した子どもたちは、自分自身をとがめ、自分こそが悪いのだと信じている。もし、両親が「悪い」のであれば、自分はこの「悪」を受け継いでいるのだと思うに違いない。また、子どもは、両親が「悪」であるのは、自分に原因があると思い込んでいるかもしれない。もし、あなたが過去の出来事と状況を理解できるよう子どもを支援することが出来れば、深い傷つきを癒すための長い道のりを歩むことが出来るようになる。

■もし、うちの子がライフストーリーワークに興味をなくしたらどうしたらいいのか。

　ときによって、ライフストーリーワークの途中で、子どもが興味をなくしてしまうことがある。この本のなかで記述されている例は、「編集されたハイライト」にすぎない。私たちは、ほとんど進歩がないようにみえても、セッションを続けてきた。ライフストーリーワークに子どもたちが興味を失うことは、問題であるととらえる必要はない。

　セッションを重ねる間には、これといったことが話されず、なされもしない期間がある。もし、あなたが１週間や２週間ごとの同じ時間に来ているならば、子どもの機嫌がどうであれ、ほとんど状況をコントロールしようとしないだろう。ただ、もし、無理やりペースを押し付けたら、子どもはライフストーリーワークに興味をなくしてしまうし、それはあなたが望むところではないだろう。もちろん、一緒に住んでいたとしたら、子どもがやってみたいときに、一緒に取り組む時間をとることが可能だが、それでもワークの進みがとても遅くなる時期がある。

　子どもを援助しているときはいつでも、その経過を誰かと話し合う必要があり、あなたが停滞期にいるときには、とくに必要だ。あなたをサポートしてくれる同僚や友達と話し合ったあとに、導入できるいくつかのプレイテクニックがある（8章参照のこと）。

■もし、うちの子が退行したらどうしたらいいのか。

　すでに述べたように、ライフストーリーワークの間、子どもの行動は、より幼い子どものよ

うに、退行するかもしれない。あなたは、このことに備えておくべきだ。退行は、あらゆる領域で、さまざまな形で生じる。おねしょや大便漏らしをしたり、かんしゃくを起こしたり、おし黙って引きこもったりするといったことは、ほんの一例にすぎない。

　ある12歳の少年は、毎晩ベッドまで抱っこして連れて行って欲しいとねだった。それはだんだんと変化して、ベッドまで「追いかけられること」に変わり、最後には、普通にベッドに行くようになった。この間、彼は学校でも問題を起こした。自分の取り組みが批判されるたびに、教室で大声でわめきちらし、教科書に落書きをしたのである。里親はこの間、彼の発達年齢を6歳とみなしていた。

　こうした退行は、予期されることであり、普通の反応なのだ。以前の状態に戻るのは、普通一時的なものであり、それが健全な成長につながっていく。子どもが退行するかもしれない場合や、対応が困難なときは、もしあなたが里親ならほかの里親やソーシャルワーカーに、もしあなたが里親の担当ワーカーならば同僚に、助けを求める必要があることを知っておくことが、重要である。

子どもが感情について
語れるようになるための援助

　ライフストーリーワークの作業をしていると、ペースを握るのは子ども側であることにあなたは気づくだろう。明らかになった話のなかには、子どもにとっても、あなたにとっても気が重くなるようなものもあるだろう。こうした重苦しさにどう言葉で反応したらよいかわからなくなったときには、あなたがスキンシップをしたり、共感的な微笑みかけをすれば、子どもはあなたが自分の味方であって、子ども自身やその過去に嫌悪感をもっていないのだと感じとることが出来る。

　子どもには、よい／悪い、幸せ／悲しい、肯定的／否定的な感情があるということをあなたが初めからしっかりと気づいている必要があり、また子どもは、よいことと同じように、悪いことを話しても大丈夫だということがきちんと最初からわかっていることが重要だと、私たちは気づいた。

　このような対になる感情を受け入れるということを示すのに役立つアプローチがある。子どもたちに何かを作らせたり、絵を描かせたりすることによって、子どもが自分を表現することを面白いと感じ、楽しめるようにしてみよう。以下に、絵を使って、子どもたちが安心して気持ちを話せるようにしてきた私たちの取り組みを示す。バイオレット・オークランダー（Violet Oaklander）の著書『子どもたちへの窓』（*Windows to our Children*）では、子どもたちが自分の感情について表現しやすくする数々の有用なアイディアが、提示・説明されている。

質問表を用いる

「質問表」は、いくつかのセットになった質問項目や、完結していない文章、たとえば下の用紙に示されたようなもので、子どもが答えを書き込んだり、反応したり、話し合いが出来るようなものである。ライフストーリーの作業を子どもと取り組みはじめる初期の段階では、質問表をさまざまな方法で使用することが出来る。

質問表は構造化されているので、子どもが積極的に創意工夫しやすくできるよう過度の負担を強いないようになっている。それゆえ、考えたことを文章にしたことがない子どもや読み書きの力が弱い子どもにとっても、とりわけ有用である。このような子どもたち、そして、自分自身

> わたしが好きなのは　友達
> わたしがいやなのは　友達がだれも遊んでくれないとき
> わたしが怖いのは　1人で暗いところに行くこと
> わたしがにっこり笑うのは　楽しいことをしているとき
> わたしがきらいな食べ物は　キュウリ
> わたしの望みは　誕生日に自転車を手に入れること

を表現することが難しい子どもたちや、ほかの問題がある子どもたちの場合でも、質問表によるやり方は、ライフストーリーブック、あるいはライフストーリービデオを作製する際の導入として用いることが出来、ライフストーリーブックの最初の部分に盛り込むことが出来るだろう。

質問表の枠組みは、あなたの選択次第である。あなたは、魅力的な表紙のついた市販の質問表を購入することが出来る。または、BAAFが出版している『マイ・ライフ・アンド・ミー』(*My Life and Me* 『生まれた家族から離れて暮らす子どもたちのためのライフストーリーブック』〈福村出版、2009年〉として日本語版が出版されている；訳者注) を使ってもよいだろう。この本は、質問表の形式をとっている。

これらの質問表は、簡単な質問がリストになったもので、きわめて中立的な質問によって、気配りがなされながら進んでいく。たとえば、

> あなたの大好きな色は何色？
> あなたが嫌いなのはどの色？

質問が進むと、より慎重に扱うべき質問になる。たとえば、

> あなたの大好きな人は誰？
> 一番好きじゃない人は誰？

あなたはどの人がいちばん嫌い？

　子どもは、これらの質問によって、自分自身について話をするようになる。また、この質問によって子どもたちは自分自身について、否定的なことを言うことにも肯定的なことを言うことにも慣れていくし、あなたが子どもたちの考えや気持ちに興味をもっているというメッセージを伝えることも出来る。

　質問形式の本には、異なった構造になっていて、もっと創造的に取り組めるようなものもある。そこには、たとえば、白紙のページがあって、その冒頭に「これは私の大好きな人の絵です」とか、「私は自分のことをこんなふうに思っています」などと書かれていて、自分自身の一面や、希望や恐れを表現しやすいようになっている。

　あなたは、独自の質問表を作って、表紙に写真や絵、よく書けた作文、紙で作成したきり絵などを子どもに貼り付けさせるようにすることも出来る。もしあなたが質問表の冊子を自分で作ろうと思うなら、その子に役立つような事柄にうまくつながるような構成にすることが出来る。自分自身について、全体的に否定的なイメージをもっていると思われるような子どもと一緒にワークをしているなら、否定的な話をする項目をすべて削除するのは、1つのよい考えである。このようにして、質問表の冊子が完成すれば、その子どもについての肯定的な話のみが含まれることになるだろう。

　質問表は、子どもが自分の将来について考えられるように作ることが出来る。そのような質問は、以下のようなものである。

　　　大きくなったら住みたいところは、＿＿＿＿＿＿＿＿＿＿＿＿＿＿

　　　この施設を出るときの気持ちは、＿＿＿＿＿＿＿＿＿＿＿＿＿＿

　　　新しい家族のもとで暮らすことになったら助かることは、＿＿＿＿＿＿＿＿＿＿＿＿＿＿

　可能性は無限にある。しかしながら忘れてはならないのは、質問表は、情報を引き出すためだけに用いられる方法である。これらの質問表は、ライフストーリーワークの作業の替わりになるものではない。ライフストーリーワークは、質問表よりも、もっと自由な話し合いと、より広い視野に立った表現が出来るものである。

　質問表を使用するにあたって、私たちは、子どもに解釈めいた反応をすることは避けるようにしている。いくつかの質問に対する答えは、非常に重要であったり、重要に思えたりするが、初期の段階でそうした質問に深く立ち入ると、不安定になって、内面のプライベートな世界を開いて明らかにすることを避ける子どももいるだろう。別の言い方をするならば、結論を急ぐなということである。

子どもが自分の気持ちを話せるように絵を用いること

　子どもに自分自身の絵や、楽しくなるようなお気に入りのことを絵に描くよう誘ってみよう。面白くて楽しかった出来事について描いた絵に、自分で説明文をつけるよう促したり、子どもの説明をあなたが聞いて、書き取ってもよいだろう。彼らが表現するものに、隠れた意味を見つけだそうとしてはならない。作業は簡潔なものにしておき、子ども自身が使った言葉を残すようにしよう。

　いったん子どもが満足いく程度まで完成したら、子どもが大嫌いなことや、子どもが腹が立つことを絵に描くように提案してみよう。たいてい子どもたちは、腹がたつことや、悲しくなるようなことは、何もないし、大嫌いなものもないと言う。子どもたちにとって、こうした気持ちを表現することは、これまで安全ではなかったことが多かったのだから、何もないと否認するのは、当然のことなのである。だから無理に押し進めないようにしよう。

　子どもたちのなかには、「安心できる範囲の」嫌いなものを述べて反応する子どももいる。ある6歳の少女は次のように書いた。「私は学校にある、あんな黄色いものは好きではありま

私の好きなもの

私の好きじゃないもの

せん」。私たちはのちに、彼女が意味するのは、時折学校の夕食で出ていたスイートコーンであることに気づいた。あなたはこのように、キャベツやプラムや、「黄色いもの」のような、「安心して」表現できる大嫌いなものを、リストにあげさせるよう勧めることも出来るだろう。

この段階であなたがしていることのすべては、子どもが肯定的／否定的な感情の両方をもち合わせていることにあなたが気づいており、その両方の感情を、あなたが無条件に受け入れていることを示すことである。ときおり、絵を描くことに対して抵抗されることもあるだろうが、私たちは質問表や、うれしい／悲しい顔などの方法を用いることで、「緊張をほぐす」ことに成功している。

子どものなかには、自分の気持ちから完全に切り離されてしまう子もいるだろう。つまり、乖離（かいり）である。こうした子どもは、たとえば、味や肌ざわり、音色などを感じたり表現したりしてごらんと言うなど、ほかの感覚を用いながら予備的なワークを行う必要があるだろう。そして、気持ちを動かしたり、探索することは安全なのだと感じさせていく必要がある。

うれしい／悲しい顔

49ページの顔は2枚の紙皿で作られている。お皿の1枚は半分にカットされ、互い違いになるよう、もう1枚のお皿の後ろに取り付けられている。

子ども（あるいはあなた）はお皿全面に、うれしい顔の絵を描くことが出来る。そして、半分のお皿を裏返した部分に、悲しい顔か、怒った顔を描くようにする。このようにして「今日の気分はどうですか？　ハッピーさんですか？　悲しいさんですか？」というような質問が可能になる。

さらに私たちは、子どもたちに、「その顔」がどんな気持ちを表していると思うか言ってごらんと尋ねることで、さらにこれを進めることが出来る。もし子どもが出来れば、子どもの言ったことを「感情」カードに書く（次項参照）。この段階を急いで進めることは避けるべきである。とりわけ子どもとのワークがまだ初期の段階にあるならば。

感情カード

感情を表現するためには、子どもたちは、自らが快適に使えると感じることが出来る、言葉のレパートリーが必要である。こうした感情を表現するために言葉を与えることは、難しいかもしれない。というのは、子どもはそのような気持ちが存在することを認めるのに抵抗するからである。ヴェラ・ファールバーグ（Vera Fahlberg）は彼女のビデオ『養子縁組された子ども、適応する感情』（*Adoptive children, adaptive feelings*）のなかで自ら開発した技法を披露している。つまり、感情カードの活用である。このカードは、特定の感情反応に対応させて1つの言葉が

書かれたものである。

　私たちはこのアイディアを取り入れ、個々の子ども、ないしは子どものグループに対して、こうした感情を表す言葉を初めてゲームに取り入れるときに感情カードを活用した。子どもたちは、感情を表す言葉を言うように促され、子どもが口にした言葉は、白紙のカードに書き込まれる。たとえば、いいね、だめだ、うれしい、悲しい、みじめな、得意な、やさしい、ひどい、などの言葉である。十分な言葉が集められたら、それぞれの感情の言葉に合った顔を子どもたちが描く、という形でゲームは続けられる（イラスト参照）。

　これは役立つ練習である。というのは、このようなことによって、子どもは感情を表す言葉に親しみやすくなるし、次第に子どもたちが、状況や出来事に応じて、感情を表す言葉を意識して使うようになるからである。このように導入されると、感情を子どもに帰属させようと試みる際に、子どもたちが経験するかもしれない潜在的な脅威と恐怖を避けることが出来る。

　たとえば、あとからあなたが、子どもの過去の出来事について話をするのなら、その際にはカードを並べて、その子どもがそのときどう感じていたかを表すカードを選ぶよう促すことが出来るだろう。この方法は、子どもが特定の里親の家（foster home）を離れる際にどういう気持ちがしていたか、そして、そのことについて今はどう感じているかを説明する際にも用いることが出来るだろう。このようにして、過去のトラウマを次第に解決できることも少なくないのである。

　子どもと一緒にワークを続ける期間を通して、時折カードに立ち返って、もっとカードを増やすよう子どもに求めることが出来る。便利な言葉に「ショック」（upset）というのがある。この言葉は、感情について広範囲を網羅できるもので、「怒り」のような、とりわけ初期の段階では子

どもがまだ使う準備が出来ていない強烈な感情の言葉の代わりとして用いることが出来る。

これらのセッションから子どもは何を手に入れるのだろうか？

　この段階で情緒的な反応がなかったとしても心配する必要はない。よい／悪い絵を描くことのインパクトは、ライフストーリーワークの後の段階になるまではっきりとはわからないだろう。

　描かれた絵についてなにか解釈めいたことをすることは避け、ショックなことについて、考える気になれないという、子どもの発言を受け入れよう。もし子どもたちが、自らの内的な世界のごく一部でも開示してくれるなら、その場の話し合いではその点については扱わず、のちに参照すべきポイントとして用いられるように記しておこう。たとえば、子どもが喪失の感情について話をしはじめた際に、あなたはおそらく次のように言うだろう。「うれしい絵を描いたときのことは覚えている？　そのときはショックなことは、何も考えられなかったよね。あなたは一緒に住めないのに、アンがあなたの生みの母であるメアリーと一緒に住んでいたから、ショックだったんじゃないかと思うのよ」。

7

ライフストーリーブックの
いくつかの構成要素

　ライフストーリーブックに含まれるであろう、さまざまな構成要素をここに紹介する。ここにそのリストをあげ、のちにその詳細について話を進める。

私はどこから来たのか	私の生活年表
私の出生証明書	過去を再び訪れる
私の家系図	私自身の地図
私の写真	

　以下に、「デイビッド」のライフストーリーブックの例を引きながら、上記リストにあげた要素がどのように機能しているかを示す。デイビッドは、数年前、彼が8歳のときに、私たちのスタッフの1人と、このライフストーリーブックを作成した。

私 はどこから来たのか

　私たちは、赤ちゃんがどこからやってくるのかについて、ほとんどの子どもたちがそれを知っていると思っていた。今では、必ずしもそうではないことがわかっている。あなたは、こ

のことについて話をするまえに、子どもが実際にそれをどのくらい知っているかを調べなくてはならない。地域の健康センターや図書館にある、母親と子どもについて書かれた本や健康教育の本には、妊娠から誕生までの期間をカバーするために必要なあらゆる視覚的資料が載っているだろう。

　デイビッドは、幸運なことに、赤ちゃんは母親のおなかのなかで育つということを知っていた。そしてこのことから、ジョンが命の種を植え付けて、メアリー（彼の生みの親）のお腹のなかで自分が育ちはじめた、ということを理解するのは、簡単であった。

　この初期段階で、親戚や里親などの養育者やほかの人々から送られる写真の到着が遅い場合には、のちほど詳細を書き込むということで間に合わせのものを用意することになるだろう。

　子どもが生まれた病院は、出生時間や出産時の体重を教えてくれるだろう。年長の子どもには直接その情報を提供することが出来るが、幼い子どもたちは、理解しやすくするための援助が必要である。子どもたちは、自分が生まれた時刻に針を合わせた時計の絵を描くことも出来るし、たとえば誕生時の体重と同じ重さの砂糖の袋の絵を描き、本に糊付けすることも出来る。

　子どもは生まれたばかりの子どもの絵を描いたり集めたりすることが出来、そしてその絵に、注釈をつけることが出来る。たとえば

　　これは６カ月の赤ちゃんのときの私の絵です。たぶんこんな感じだったと思います。
　　私が初めての誕生パーティーをしたのは、オーク通りにいたときで、その頃は、実の父母であるジョンとメアリーと一緒に住んでいました。

妊娠してるママ
pregnant mum

子どもたちは自分が生まれたときの体重と同じ重さのものの絵、たとえば砂糖の袋の絵などを描くことが出来る。

ライフストーリーブックのいくつかの構成要素

私の出生証明書

　私たちが子どもたちと最初にライフストーリーワークをはじめたとき、私たちは彼らの出生についてのパートを完成させるために、出生証明書のコピーを渡していた。私たちは、出生証明書は、彼らの興味を一時的に引くだけだろうと思っていた。私たちは、出生証明書がもつ強烈な影響についてまだよくわかっていなかったのだ。現在では、その影響は、セッション全体に及ぶということがわかっている。子どもにとって、出生証明書は非常に興味深いものであり、多くの疑問をかきたてるものなのである。たとえ文字が読めないような小さな子どもであっても、出生証明書がもつ重要性がわかっているかのようである。出生証明書は、子どもが誕生し、決して剝奪されないアイデンティティをもっているということの、証拠書類なのである。同時に出生証明書によって、養親や里親は、一時的に不安定になることがある。彼らにとっては、出生証明書は、子どもたちが自分たちから「生まれたのではない」という事実を示す書類でもあるからだ。もしあなたがそのような立場にいるのなら、以下のようなことを覚えておこう。生みの親よりも、より親らしくなれることがあるということを。あなたが子どもの誕生についての事実を受け入れることが出来てはじめて、子どもはあなたから、新しい親として受け止められたと感じることが出来るだろう、ということを。

素性を知る（who's who）

　現在では、恒久的で安定した核家族のみが、子どもたちが生まれ育つ唯一の家族形態ではない、ということが認識されている。このことについて賛成や反対があるにしても、かつてに比べて、子どもたちがより多くの複雑な関係を理解し、適応していかなくてはならなくなっているということは確実である。1つの家族において、一方の親の血しか流れていないきょうだいがいることは珍しいことではない。

　私たちは以下のことを覚えておく必要がある。家庭状況は、常に流動的であること。子どもが生みの家族から離れたとき、その両親は新たなパートナーをつくり、そのパートナーには子どもがいる場合もあること。さらに、新しいパートナーとの間に、また子どもが生まれて、元の家族から離れた子どもは、新たに異父母きょうだいを得る場合もあること。

　無理もないことだが、このような状況は、あなたが一緒にワークをしている子どもを混乱させる場合がある。そしてまた、その混乱は元の家族と共に住んでいる、あるいはそこに生まれてきたきょうだいに対する、ねたみやうらみの感情を引き起こす。

　こうした気持ちは、同じような背景をもっている子どもたちばかりをグループにして扱うとうまくいくことが多い（11章を参照）。グループ形式をとることによって、子どもは、自分の

家族状況は異常なものではないということ、また自分の抱くような気持ちや、ある程度の混乱は、同じような背景をもつほかの子どもたちもまた経験しうるものであるという、自分の置かれた状況が理解しやすくなる。

　今日では、ソーシャルワークの実践にあたり、子どもの人生において重要な役割を担う人と協力体制をとることが、非常にたいせつであることが認識されている。この点については、イギリスの法律にも正式に記されている。同様に、隠しだてのない養子縁組（open adoption）へ移行するにつれて、養子縁組というものが、生涯にわたるプロセスであることへの理解が深まりつつある。つまり、養子縁組された人々は、生涯にわたって、自分自身の出自を知って理解する必要があり、また自身が生まれた家族とのつながりを保とうとするかもしれないのである。子どもが、自分が生まれた元の家族のメンバーそれぞれと、どんな関係にあったのかを理解することは重要である。そのためには、信頼できる情報が必要である。とりわけ将来のために自らの安全を保つ必要があるときには、信頼できる情報が必要なのである。

　子どものときに養子縁組された大人とのカウンセリングにおいて、私たちは何度も何度も彼らの怒りと傷つきの感情に向き合わざるをえなかった。そのような感情は、彼らが子どものときには隠され秘密にされていたが、実はきょうだいがいることがのちにわかった、という事実から引き起こされたものであった。

　エコマップ、家系図、そして血縁関係のダイアグラムは、子どもと彼らのきょうだい、異父母きょうだい、そして元の家族における重要な大人との関係を説明する方法として有用であることがわかっている。

　私たちは、結婚する3組のうち1組が離婚するという、一夫一妻制の時代に生きている。多くの人々が、安定して子どもをもつような関係になるが、結果的に、終わってしまう場合もある。年月が経つにつれ、きょうだい、片方が血縁関係にあるきょうだい、継父・継母の連れ子などで、複雑な人間関係になるかもしれない。このような家族関係は、異常ではなく、また、珍しくもない、ということは銘記すべきであるし、こうしたことを理解することは、子どもにとって重要である。家族のつながりの複雑さに注目する場合、グループ形式で子どもたちとワークをする際に、うまく取り入れることが出来ることがわかっている。そのようにして、子どもたちは、自分の人生はユニークではあるけれども、ほかの子どもの経験にも似たところがあるということに気づくことが出来るようになる。法律は、家族の絆の重要性を強調している。残念なことだが、こうした家族の絆というものは、過去においては、あまりにも軽視されてきたのである。例をあげれば、デイビッドが生みの母親のもとから離されるときに、もし父親や父方祖父が接触してきたら、おそらく彼の人生は、今とは違ったものになっていたことだろう。

　私たちは、子どもたちとのワークを進めながら、以下に示すような図を描き、それによって、子どもたちも私たちも、どのように家族のネットワークが広がり、血縁関係が発展してきたのかについて理解しやすくなっている。図をできるだけシンプルにしようとしても、一般的

に認められている「夫婦2人に子ども2人」という形態がいったん壊れると、家族のつながりは、またたくまに、複雑になり、理解することが難しくなる。メディア、とりわけテレビで通常描かれているような、いわゆる家族の暮らしは、決して標準的なものではなく、以下に引用したようなモデルこそが、おそらくは、私たちがそうと信じているものよりも、ずっと現実に近いものであろうことは、繰り返し強調する必要がある。

ウェイン　　シャロンとケビンは17歳のときに出会った。
　　　　　　　シャロンは妊娠し、ウェインを産んだ。ケビンはウェインの父親であった。
ケビンは、自分は結婚するには若すぎると言い、ケビンとシャロンは疎遠になっていった。シャロンはよくケビンの母親（ウェインの祖母）のもとに、ウェインをつれていった。
　ウェインが2歳のときに、シャロンはピートと知り合い、2人はつきあいはじめた。
　ピートはウェインと出会うまでに、アリソンと5年間暮らしており、2人には、アニーとシェリルという2人の子どもがいた。ピートとアリソンは、ピートとシャロンが出会う6カ月前に別居していた。
　ピートとシャロンは1980年の5月に結婚した。ピートはウェインの継父となった。
　ピートとシャロンは、リサとアランという2人の子どもをもうけた。
　シャロンはウェインに、「リサとアランは、あなたの『半分』きょうだいなのよ」と話した。
　アニーとシェリルは、リサとアランの異母姉であり、ウェインの義理の姉であった。

　ところで、ウェインの父親であるケビンは、マリアと結婚し、カーラとアマンダという2人の子どもをもうけていた。ウェインは祖父母（ケビンの両親）宅でよく、この異母きょうだいと顔をあわせていた。
　次ページに、家族のつながりがどのようなものかを図示している。
　（円、そしてその円の柄がどれくらい混じり合っているかによって、血のつながりを示している。子どもたちは、自分のことを愛してくれているたいせつな大人と、必ずしも「血のつながり」がある必要はないという確信を得たいのかもしれない。悲しいことに、ウェインの場合は、この図を見ることで、なぜピートが自分のことを、ほかの子どもと違うように扱うのか、そして結局のところ彼を拒絶するのかが理解しやすくなった）。
　このような家族の結びつきやつながりを理解することは、子どもたちが、家族のネットワークにおける自分の立場を理解し、将来の家族との接触を試みるのが適切かどうか、またどこで行うのが適切かを理解するために、重要である。このような関係性を子どもが理解できるよう支援し、子どもたちに話をして、子どもたちにとって何がたいせつかをはっきりさせることによって、私たちは、家族とコンタクトをとるかどうかの決定に、子どもを参加させることが出来るのである。

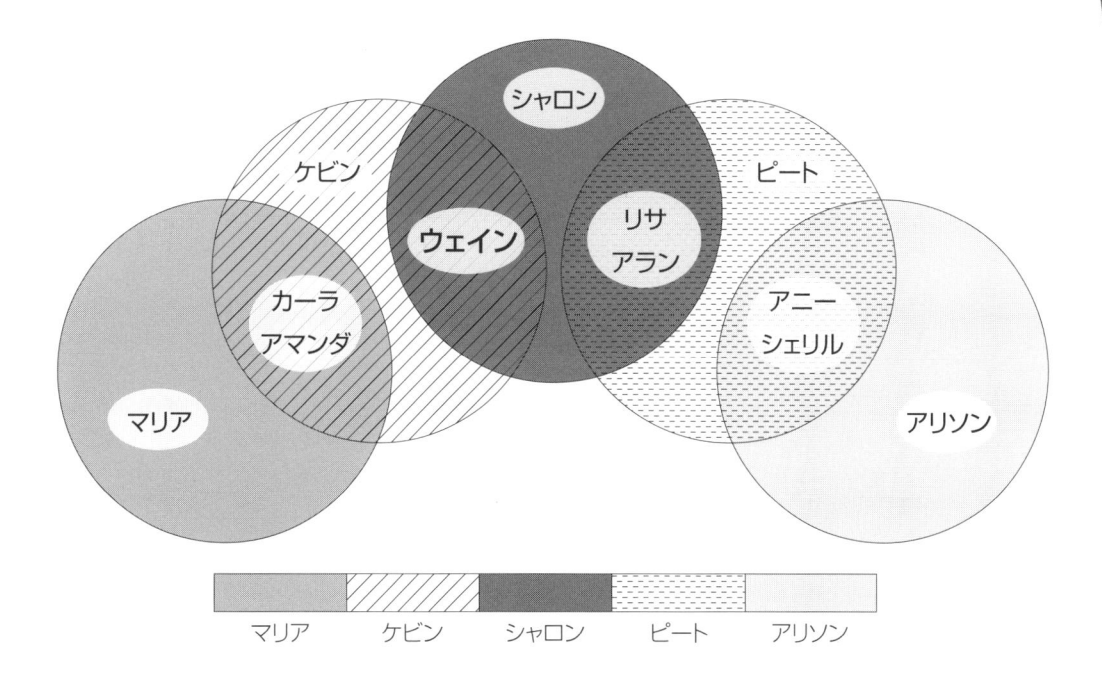

[図：重なり合う円によるベン図。円はマリア、ケビン、シャロン、ピート、アリソンを表す。各領域に名前が配置されている：マリア、カーラ、アマンダ、ケビン、ウェイン、シャロン、リサ、アラン、ピート、アニー、シェリル、アリソン]

　過去においては、子どもと親との接触に終止符が打たれた場合には、自動的に、きょうだい、祖父母や、叔母や叔父などのそのほかの重要な大人との接触も出来なくなってしまっていた。子ども時代にきょうだいと引き離された大人とのカウンセリングから、彼らが子ども時代の経験を奪われたような気持ちになっているということが示されている。

　子どものための計画には、包括的なアセスメントが必要である。家系図や生活年表（life graph）といった、「家族のつながりの図式」を用いることは、このようなアセスメントの際に重要な要素になりうる。法律では、子どもたちは、彼ら自身の家庭において養育されることが最善であると、明確に述べられている。家族とのつながりの図式を描くというこのワークを成し遂げるときに、もしその子が自分の家庭で養育を受けることが出来ないのなら、どうしてそれが出来ないのかということを理解するためのベースとして、このワークを用いることが出来るだろう。

私の家系図

　これまで述べてきたように、生まれた家族というのが、家系図を作成する際に、もっとも適切な情報源である。私たちは、家系図を作成し、子どもたちに自分がその家系図のどこにいるのかを示すことが、非常に重要だと考えている。

　拡大家族について知ることで、子どもたちは苦痛を感じる可能性がある。というのは、この情報によって、自分が生まれた家族や先祖から切り離されているということが強調されるから

ライフストーリーブックのいくつかの構成要素

である。それにもかかわらず、こうした情報は、子どもたちが、自分の家族を失うことになった事情のいくぶんかでも理解するのに、おおいに役立ちうるものなのである。

9歳のジミーは、家系図を作ることで、なぜ自分が2歳のときに、傷だらけでほったらかされ、社会的養護を受けるようになったのかを理解しはじめることが出来た。ジミーの母親は、彼を産んだときには16歳で、自身もまた「社会的養護」を受けてきた少女であったということを理解したのである。

ジミーは大規模な児童養護施設で生活しており、そこには16歳の女の子も何人か暮らしていた。ジミーは、自分の母親はひどい人でも、むごい人でもなく、ただ彼の母親になるには、とても若すぎて、全く準備が出来ていなかっただけだということを理解しはじめたのである。

今や家族のパターンは多様化しているということを思い起こすと、子どもたちは、このようなバリエーションもあるということを理解し、自分自身の状況を受け入れやすくなるだろう。今日、結婚した夫婦の3組のうち1組は離婚しており、5人に1人の子どもは、1人親家庭で暮らしている時代である。それゆえ、ライフストーリーワークは、子どもにとって違和感があり、社会に存在する多様な家族形態からかけ離れたような、「家庭生活のモデル」を描写しようと

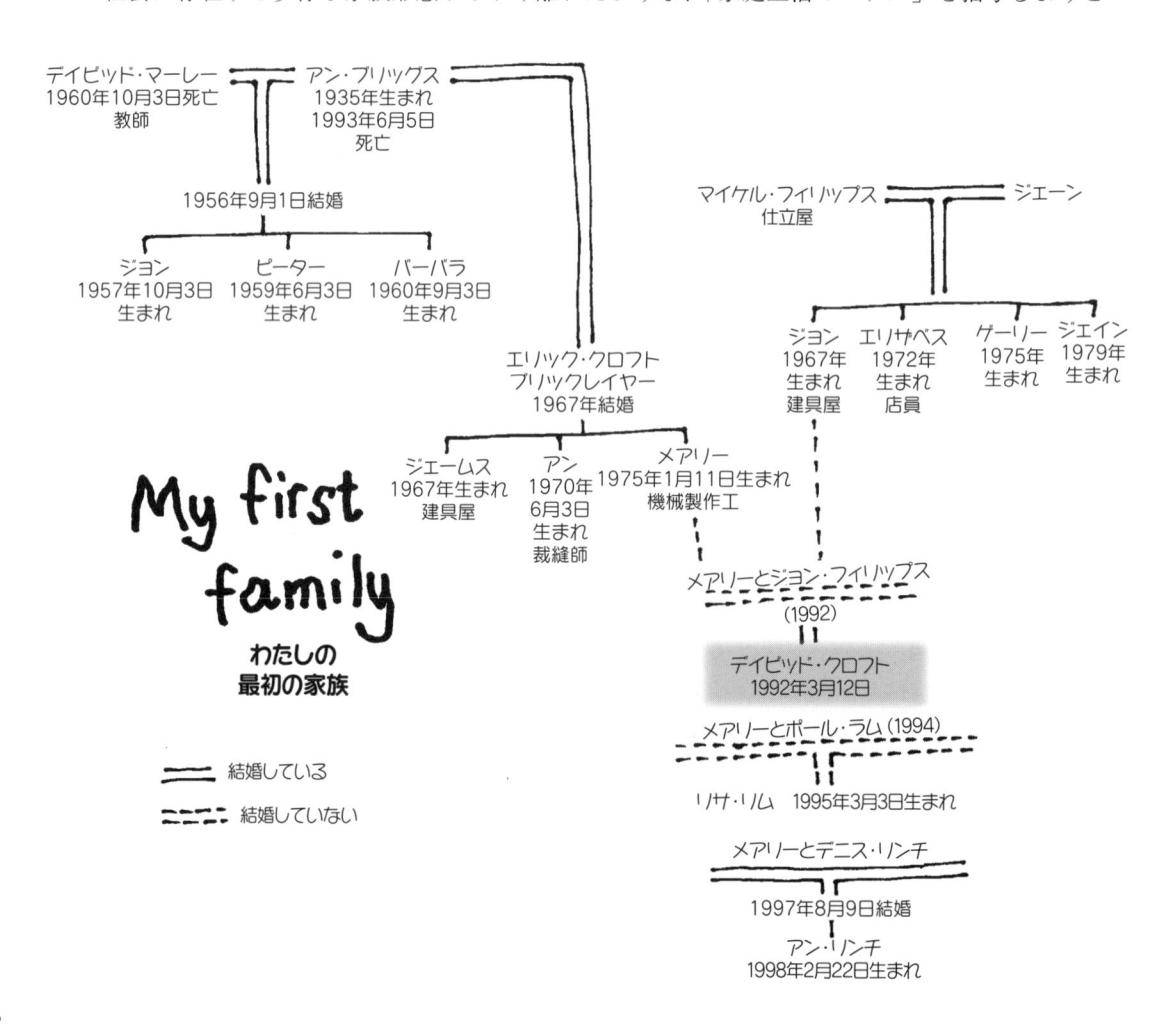

My first family
わたしの最初の家族

═══ 結婚している
╌╌╌ 結婚していない

デイビッド・マーレー
1960年10月3日死亡
教師

アン・ブリッグス
1935年生まれ
1993年6月5日死亡

1956年9月1日結婚

ジョン
1957年10月3日生まれ

ピーター
1959年6月3日生まれ

バーバラ
1960年9月3日生まれ

エリック・クロフト
ブリックレイヤー
1967年結婚

ジェームス
1967年生まれ
建具屋

アン
1970年6月3日生まれ
裁縫師

メアリー
1975年1月11日生まれ
機械製作工

マイケル・フィリップス
仕立屋

ジェーン

ジョン
1967年生まれ
建具屋

エリザベス
1972年生まれ
店員

ゲーリー
1975年生まれ

ジェイン
1979年生まれ

メアリーとジョン・フィリップス
(1992)

デイビッド・クロフト
1992年3月12日

メアリーとポール・ラム(1994)

リサ・リム　1995年3月3日生まれ

メアリーとデニス・リンチ
1997年8月9日結婚

アン・リンチ
1998年2月22日生まれ

するものではないのである。

　子どもたちは、このように大きく変動する家庭から移ってくることが多く、彼らが家を離れたあとも家族がさらに増えている場合もある。そうした変化を理解するのは難しいので、このような複雑な関係は、子どもには新たなストレス源になることがある。

　もし子どもたちを生まれた家族に戻す計画があるのなら、その子どもたちが家族を離れて以来、家族にどんな変化があったかを知っているか、またよく理解しているかを確認することが重要である。もしその子どもが生まれた家族に戻る予定はなく、家族の変化が、その子が戻れない理由の1つであるならば、その子は、戻れない理由を理解する必要がある。たとえば、デイビッドは、彼の異父姉のリサが母親と一緒に暮らせるのに、自分はそうできないことに腹を立てていた。これまでにも、デイビッドを母のもとに戻そうと試みていたが、家族の変化によって、年長の子どもを受け入れることが出来なくなった。

私自身の地図

　これは、子どもに、時系列で移動の過程を実感してもらうために、私たちがよく用いる方法である。子どもの概念化の方法は、大人のそれとは異なっている。つまり、子どもは、そのときに戻って考えてみる必要があるのだ。したがって、いちばん最近の誕生日や、祝日、宗教的祭典などが、有効な指標となるのである。私たちは、子どもと一緒に、生みの家族がどう移動したかを記し、その後、子どもが家族から離れたあとにどのように移動したかを記す。生みの母親が生まれ育った地域からスタートすることも多い。このような地図で、たとえば生みの母親もまた、多くの移動を伴う不安定な子ども時代を過ごしていたとしたなら、子どもが、自分自身の苦境を少しでも理解する助けとなるだろう。

　一緒に「地図」を作る際には、元の家族から離れて生活している子どもたちは、あなたとは違う時間概念をもつことになるだろうということを留意しておくことが重要だ。子どもは、このまえの学校の休みがどのくらいの長さであったかは概念化できるので、これをベースに話をすることが出来る。しかし、「君は、この街でお母さんと2年間住んだね」というふうに言ってしまうと、ほとんど意味をなさなくなってしまう。

私の生活年表

　私たちは、生活年表というアイディアを出してくれた、ある子どもの新しい家族の父親に感謝している。それは、ごく簡単な図表であり、それを見れば、子どもも、ワーカーも、また新しい両親も、その子の生活年表上どんな移動があったかを理解しやすくなる。私たちが生活年表を使いはじめたときには、生まれてから現在までの道のりを順を追って論理的に作業させよ

うとすると、子どもたちがそれに抵抗することがわかった。子どもたちにとって、その道のりは、決して論理的なものではなかったのである。彼らにとっては、現在からはじめて、時間を追って過去に遡るほうが簡単だったのである。

さらに、子どもがその上をペンでなぞれるように、あなたは鉛筆で見出しを書くことが出来る。異なったタイプの養育（生みの親、里親など）を、違うペンで色分けすれば、年表がより見分けやすくなる。

就学前の子どもには、視覚刺激や記憶と同様に、匂い、触感、音、味などのような感覚刺激を導入することも必要になるかもしれない。たとえば、子どものそれまでの生活を、列車の旅のように表すことが出来るかもしれない。この年頃の子どもたちは、機関車トーマスのお話に慣れ親しんでいる場合が多いからだ。旅で訪れるそれぞれの駅は、子どもの人生において、重要なステージになる。

生活年表の作成に取り組んでいると、初期の段階では、子どもたちが話したがらないような痛ましい出来事もあるだろうが、最終的に、子どもたちがより強さと安心を感じられるようになると、その

1993	3月12日　産婦人科病院で6時に生まれる 生みの母親のメアリーと、祖母のクロフトと一緒に住む オーク通りの117番地に住んでいた
1993	私の最初の誕生日パーティー 祖母のクロフトが、6月5日に亡くなる 11月3日、ハイメドー託児所
1994	2歳の誕生日 5月5日　オーク通りの117番地でメアリーと住む
1995	12月28日に、リーク通りの児童養護施設 3月3日　リサ・ラムが生まれる 私の3歳の誕生日 6月3日　メアリーとポール・ラム　イーストウッド通り 11月20日　子ども病院 1月5日　ホーリー児童養護施設 私の4歳の誕生日
1996	
1997	12月24日　ピーターとジョン・パット　里親 私の5歳の誕生日
1998	8月9日　メアリーがデニス・リンチと結婚する 2月22日　アン・リンチが生まれる 私の6歳の誕生日
1999	5月29日　メアリーとデニス・リンチ　ダンカンテラス
2000	1月5日　ニュートンゲートに家族と引っ越す 2月2日　ヘブン児童養護施設 5月30日　イーストフィールドアセスメントセンター
2001	11月12日　クリスとエディと一緒に住む

ことについて触れたり、ほのめかしたりするようになるだろう。私たちは、常に生活年表を鉛筆で書き、その子の誕生について話し合う際にもち出して、鉛筆書きの見出しを上からインクでなぞるように提案する。その次のセッションでは、子どもは、現在を示す最後の見出しをインクでなぞる。そこから、子どもたちに、どの部分でも望むところをインクでなぞってもらい、その部分について、子どもと話をする。

最初は、ほとんどの子どもは、比較的トラブルの少なかった時期についてしか考える準備が出来ていないものなので、びっくりするような暴露的な話を期待してはならない。子どもは「安全な」時代をインクでなぞるので、完成していない部分は、彼らが不運で、トラブルがあっ

た時期であるということを示唆する。まだ読み書きが出来ない幼い子どもについては、それぞれの期間を色塗りするように促すことが出来る。こうすることで、子どもたちは、時期と出来事を理解しやすくなるようだ。誕生日は、時の経過をはっきりと示すのに有効であり、とりわけ子どもたちの楽しい思い出になるような出来事があった場合には、そうである。

　生活年表はまた、その年のいつに、ぶり返しが起こり得るか……つまり「記念日効果」を予測する際にも有用である。アメリカの子ども・家族心理療法家であるクラウディア・ジュエット・ジャレット（Claudia Jewett Jarrett）は、一見説明できない理由によって子どもは不安定になる可能性があると考えている。クラウディアによると、過去において、何らかのトラウマが子どもに起こり、1年の内でそれが起こった時期がまためぐってくると、この忌まわしい出来事が、現在の問題を引き起こしうるのである。クラウディア・ジュエット・ジャレットによれば、こうしたことが起きるのは、子どものなかに、1年の季節や日照時間とつながっている体内時計があり、それが反応を引き起こしているからである。それゆえ、不安定な出来事がいつ起こるかを予測することが出来る場合が多いのだという。

アスラム　アスラムは、3月という時期に、トラウマにより落ち込むような経験を2回もしていた。これら2つの出来事の間には、5年の歳月が経過していたが、2回目のトラウマ体験をした後に、1年のこの時期になると、アスラムは、学校に行きたがらず、そして実際に、偽りではなく具合が悪くなり、ひどい風邪で数日間学校を休まなければならなくなっていることに養育者は気づいた。このパターンがはっきりすると、アスラムは、過去のトラウマがよみがえり、現在の生活をゆがめている、ということを理解できるようになった。アスラムの養育者は、もう一度アスラムのライフストーリーブックをしっかりと見直し、これらの出来事について話し合いをすることが役に立つことがわかった。アスラムが成長し、より多くの人生経験を得るにつれて、起こったことを理解して、整理する力が増していった。

　生活年表は、子どものニードに応じてさまざまな形をとることが出来る。里親のなかには、子どもの生みの親の生活年表も用意した人がいる。そうすることで、子どもが、自分のことと同じように、実親に何が起きていたのかも理解することが出来るからである。

　生活年表を作成するほかの方法もある。たとえば、初めの方で触れたように、幼い子どもの場合には、線路を描き、それぞれの駅を子どもの生活のステージとして表すことが出来る。こうすることで、ほかの可能性も開けてくる。それぞれの駅には、たいせつな出来事にまつわる情報や写真を配置することが出来るのだ。就学前ないし、低学年の子どもたちには、「リスのジャネット」の生活年表を作ったりもする。これは、子どもが自身の生活のなかで経験した移動や変化をそのまま反映したものであり、こうすることで、気持ちを話すよう促せることがよくあるのである。たとえば、ジャネットが、自分の木の家を離れて、森のなかの違うところに

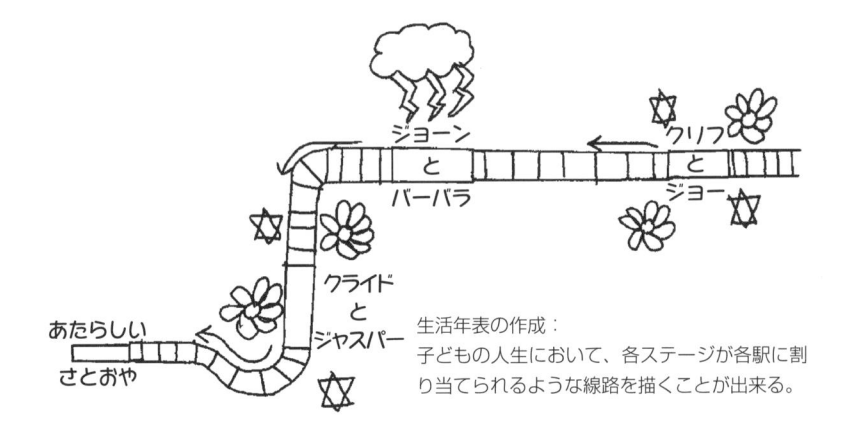

生活年表の作成：
子どもの人生において、各ステージが各駅に割り当てられるような線路を描くことが出来る。

行って、別のリスの家族と一緒に生活することになったとしたら、「ジャネットはどんな気持ちだろう？」という問いかけに導くことが出来るのである。

過去を再び訪れる

　多くの子どもたちが、過去に起きた出来事を否認する。生活年表の未完成な部分は、そこに子どもたちの問題が存在することを示してくれるだろう。もしあなたが、このような子どもたちが、生活年表の多くの側面に馴染んでいるという確信があるならば、これまでに住んだことのある場所を全部訪ねる旅に子どもたちを連れだすことが、このような問題を克服する助けになりうる。

　このような訪問は、子どもだけではなく、過去の人物にとっても注意深い準備が必要であろうし、慎重に時期を選んで行わなくてはならない。訪問は、実際のライフストーリーワークの代わりではなく、ライフストーリーワークを補完するものとして行うべきである。1日でその訪問をすべて終えられるのであれば、私たちは、そうしている。準備にはもっと時間がかかるだろうし、子どものソーシャルワーカーによる旅の事前調整が必ずなされるべきである。ソーシャルワーカーは、この訪問の準備をし、目的を説明するために、まえもって訪問しておく必要があるだろう。

　過去への訪問を計画する際には、子どもの安全も考慮に入れるべきである。とりわけ、明らかにされていないが性的虐待の疑いがあるような場合には注意が必要である。ワーカーと養育者は、このような訪問が、トラウマがある子どもにとって、抑圧されていた記憶を再び呼び覚ます可能性があることについて、敏感になっておく必要がある。このような訪問をすることによって、これまで語っていなかった経験を開示する子どももいるだろう。

　このような旅の途中、いつでも可能なときに、子どもの生活年表と、個人の地図を用いて、現在からさかのぼってワークをしよう。このように身体を動かして、地理的に子どもの人生

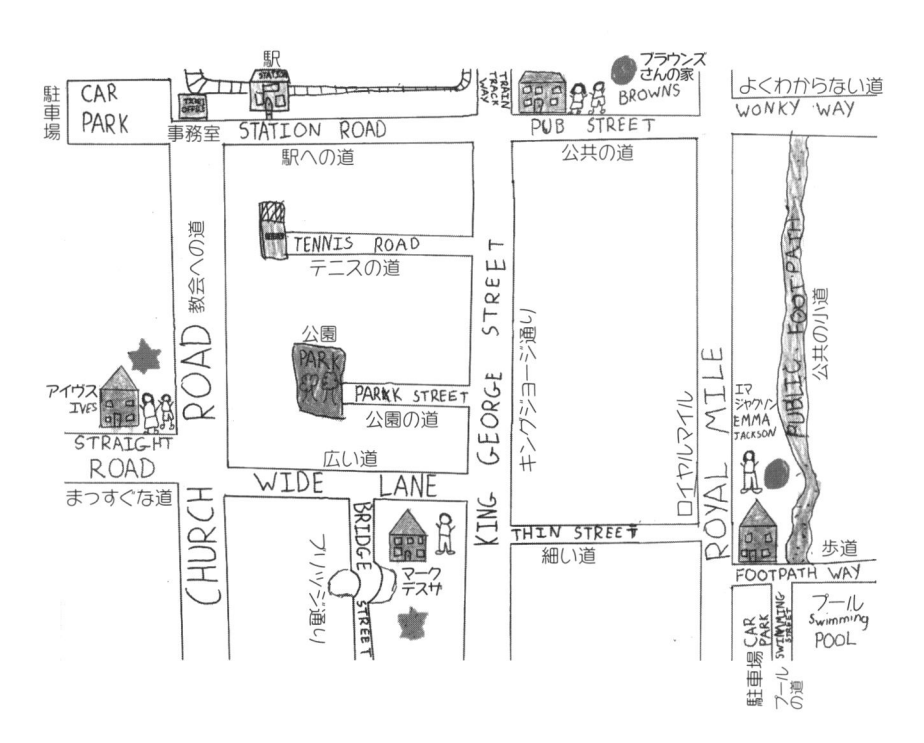

をたどることによって、子どもたちは自分の人生を、文脈に位置づけることが出来るようになるだろう。このような活動は、あなたをも計り知れないほど助けるだろうし、必然的に、かかわった人すべてが移動しているような感覚が得られる。この訪問によって、私たちに予期せぬボーナス（報酬）としてもたらされるものは、行く先々の立ち寄った場所で受け取る、ぬくもり、愛情、そして歓迎である。子どもたちはこれらの場所を突然離れなければならなくなったのは、自分たちが人々をいやな気持ちにさせたり、傷つけたりしたからだと思い込んでいる場合が多い。そうではなかったと知って、安心するだろうし、だから、これは子どもにとって、（ボーナスにプラスされた）追加配当となるだろう。

のちの段階で、子どもたちを未来へ「橋を架ける」ときや、キャンドルの技法を使うとき（8章参照）に、私たちはこの旅や、過去に自分を愛してくれた人がいることを知るという子どもにとっての恩恵を振り返ることが出来る。

こうした旅の機会に、重要な人物と場所の写真を撮ることも出来る。この旅によって、子どもの初期の出来事がもう一度追体験され、その体験はライフストーリーブックに説明文をつけて収められたり、ファイルやフィルムに収められる。

ショーン　こうした訪問によって、子どもたちがどのように自分の過去を理解し、生活上の痛ましい出来事に向き合えるようになるのかを、ショーンの例を用いて明確に示そう。ショーンは、自分がダウンズ託児所で過ごしていた時期のことをすべて否認していた。その託児所に連れて行ってもらったときでさえ、そんな状態であった。彼にとって、そ

こで暮らしていたということを認めると、彼の母親が彼を適切に養育できなかったということを認めることになるのであった。調理師兼保育士が、彼のことを愛情深く覚えており、ごく幼い頃の彼のようすを語ってくれた——普通は、親がすることだが。その後、ショーンは2階に上がり、寝室に入って言った。「あれがぼくのベッドだった。ぼくはここで、窓から電車をよく見ていたんだ」。

私についての写真

写真は、ライフストーリーワークにとって欠かすことの出来ない、重要なものである。写真は過去の出来事を記録しておくだけのものではなく、子どもが過去について話し、それにまつわる感情を表現することが出来る手段でもある。しかしながら、ライフストーリーワークが単なる注釈つきの写真アルバム作りになってしまわないよう注意すべきである。写真がそこにあることで、あなたは、子どもと取り組む焦点がはっきりするのである。本やビデオを作成しながら、子どもに、別の写真アルバムを作らせることも出来るだろう。写真は白紙に貼り付けられて、生活年表や家系図とあわせて用いることが出来る。子どもたちは、3つすべての要素（生活年表、写真、家系図）の知識をむすびつけて、写真に注釈を書くことが出来る。子どもたちは写真に興味を覚えたとしても、ライフストーリーブックにデリケートな写真を使うことに、ためらいを覚えることもある。

デイビッド

デイビッドは、自分の生みの母親の写真を持たせてほしいと頼み、そうすることを許された。しかし、私たちは、その写真のコピーも保管しておいた。というのも、その写真にとても痛ましい記憶を想起させられて、破いてしまうかもしれないと思ったからだ。もちろん、コンピュータにバックアップファイルをとっておくことはとても大事だ。

デイビッドは1999年のクリスマスの際に撮られた写真を見て、以下のように語り、それを書きとめてもらった。

　　ぼくはクリスマスを、ママと、リサ、アン、デニスと一緒に、ニュータウン団地で過ごした。リサとアンは、自転車をもらい、ぼくは、おもちゃの車をもらった。不公平だよ。リサとアンはママと一緒に住んでいるのに、ぼくはそうじゃない。デニスはいい。よくぼくをオートバイに乗せてくれたから。ママはよくぼくをどなり、ベルトでぼくを叩いた。イーストフィールドのヒュージさんとスタッフが、ぼくがママの家へ戻れないようにしていたのは、公平じゃないと思う。ぼくはあの人たちが嫌い。ぼくがママと一緒にいたとき、ぼくはよくソファーの上で飛び跳ねて、ソファーに穴をあけちゃった。

デイビッドはほかのセッションでは以下のようなことを語り、書とめてもらっている。

　　1994年の8月。フィレイでロバに乗っているときのぼく。ぼくはその日、ママと、リサとジェームズおじさんと、ポール・ラムと一緒に出かけた。ぼくのママは悪い人ではなかった。ママは小さい子の面倒をみるのが得意じゃなかった。

　彼の母親の写真は情緒的に大きなインパクトを与えたが、彼は結果的には、それを自分のライフストーリーブックに掲載し、そして以下のように語り、書きとめた。

　　メアリーはぼくを養子に出したいと思っているけど、ぼくはメアリーの養子になりたい。

　その次のセッションで彼は次のように語り、書とめてもらった。

　　これがぼくの最初のママのメアリーとぼくの飼っていた犬。ママは犬をよそにやってしまった。ママが犬をよそにやってしまったから、ぼくは悲しかった。ママなしではぼくは生きられないから、ぼくは悲しい。

　デイビッドの語ったときの注釈書きをみれば、写真のおかげで、子どもがいかに感情について話したり、表現しやすくなるかがわかる。特定の写真は、その子どもがそこに付加している重要性ゆえに、より意義深いものになるだろう。たとえば、私たちは3枚のデイビッドの母親の写真に2回のセッションを費やしたが、その一方で、7枚ある彼の里親の写真については、半セッションでしか扱わなかった。このようにした理由は、デイビッドの母親の写真は、彼の母親との関係、すなわち、彼が母親と一緒に生活できないことについて感じた痛みや、母親のもとに戻るのは不可能であるということを次第に理解しはじめたことについて、話し合う手段を与えてくれたからである。それが出発点となって、たとえ母親のおかれた状況のせいで、母親が彼の面倒を見られないとしても、母親は彼のことを気にかけているということを理解できるようになっていった。
　デイビッドがどの自分の写真を見ても喜んでいたのは明らかであり、その写真を友達に見せたがり、一緒に分かち合いたがった。このことによって、新たな問題が起きた。彼のライフストーリーブックには、個人的で秘密にすべき情報が含まれており、誰彼なしに見せるべきではないものが含まれていた。情報は見せないようにしながら、どうやってその写真を人と共有できるだろうか？　自分の子どもだったら、どんなふうにするだろうかと、私たちは自らに問いかけた。その答えは、家族のアルバムを用いることだった。デイビッドは、人に見せるために、別のアルバムを与えられた。

私についてのビデオ

　ビデオカメラやデジタルカメラが簡単に使えるようになったことで、ブックに組み込むために、あるいは、完成した物語として、あるいは、ワークのなかで子どもたちが自分の過去に慣れるのを手助けするために、ビデオに録画したものや映像クリップをライフストーリーワークに取り入れることが出来るようになった。親や、親戚、あるいは家族の友人などとのインタビューをビデオに録画したものは、大きなインパクトを与えるだろう。もし、子どもが自分たちから離されるときに、なぜどうしようもなかったのかを説明したいけれども、直接顔を見て子どもに話せないとすれば、親はフィルムを通して話すことが出来る。

　同様に、かつて近所に住んでいた人が、生まれた家族のことを話したがったり、子どもの頃のことを覚えている場合には、子どもが保管しておけるように、ビデオでそうすることが出来る。まえに住んでいた家や、里親家庭、児童養護施設の映像は、写真よりもより身近に感じられる。映画用フィルムはVHSやDVDに変換できるので、昔の休日のフィルムや、赤ん坊や子どものときのフィルムは、子どもに持たせることが出来る。家庭では、ますます多くのビデオ記録が保存され、子どもが持てるようにコピーされるようになっている。創造的なティーンエイジャーなら、適切な準備があれば、自分自身で、昔いた場所や一緒にいた人のビデオ記録を作りはじめることだってできるであろう（そう、子どもがビデオを勝手に持ち出すことはあるけれども、大抵カメラは後で返してくれるのだ！）。ビデオフィルムを使うと、あらゆる点で、ライフストーリーワークをかなり強化することが出来る。だから、こうしたワークが出来そうなときはいつでも、実施を検討するだけの価値があるだろう。

ジェイソン

このケース・スタディによって、ライフストーリーブックと、訪問することと写真を使うことが、1人の子どもに、どのような影響を及ぼすかを示そう。

　ジェイソンが、40代後半の独身女性であるクラウディアと、夫をなくしたクラウディアの母ヴェルナと一緒に暮らすことになったとき、彼は13歳だった。ジェイソンにとっては、これが9回目の措置変更であり、3度目の里親委託が破たんして、そこから直接、この家にやってきた。ジェイソンの両親は、彼が生まれるまえにすでに離婚していた。彼の母親は、すでに1児をもうけていたが、拡大家族からも疎遠になってしまい、援助やサポートを受けていなかった。母親は、養子縁組されると信じて、ジェイソンを生まれた病院に置いていった。ジェイソンは年配の里親に委託され、そこで8年間暮らしたが、その後不登校になったため、別の場所に移された。以下は、私たちが、ライフストーリーブックを通じて、ジェイソンの過去のもつれをどのように解きほぐし、理解するようになったかの説明である。

　ジェイソンは彼のライフストーリーブックに以下のように書いている。

> ぼくの最初の里母さんのことを、ぼくは本当のお母さんだと思っていたのだけど、よくぼくを甘やかしていた。彼女はぼくに何でもさせてくれた。ぼくと里母さんは、よく、シーツを結んで、ターザンごっこをやったものだった。ソーシャルワーカーは、ぼくがねだったので、休みの日にぼくを連れ出してくれた。ソーシャルワーカーはぼくを児童養護施設に連れて行った。ぼくは、もう里母さんの所に戻れないことがわかったとき、ショックだった。

ジェイソンのライフストーリーブックを作成することは、非常に困難なことだった。なぜなら、私たちは、最初の里親からの写真しか持ち合わせていなかったし、児童養護施設で撮った1枚の写真も、彼が10歳のときのものであった。彼の生みの親については、ほとんどわからなかった。1つだけ出来ることがあった。ロンドン周辺の、彼が人生の大半を過ごした地域と、3つの里親宅と、5つの児童養護施設暮らしを体験した地域を訪ねることだ。こうして、クラウディアと、ジェイソンと、彼のソーシャルワーカーである私は、まず、彼が生まれた産婦人科の病院を訪ねることからはじめた。

ジェイソンはのちに以下のように記している。

> ぼくのママは、ぼくの故郷を訪ね、昔の友達やぼくが過ごした児童養護施設を見に行きたいかとぼくに尋ねた。ぼくは家でママとおばあちゃんと犬と一緒で幸せだった。起こった数多くのことは、どちらかといえば忘れたいことが多いけど、ぼくはママとおばあちゃんに、ぼくが昔遊んだ場所や店や公園や川を見せたいと思った。

クラウディアも以下のように記している。

> ジェイソンがその地域のことをよく覚えていたので驚きました。通りや道がみなどこからはじまっているのかを知っているかのようでした。ジェイソンが生まれて、ここは幼い少年の頃に、彼が楽しく過ごした場所でした。ジェイソンと手をつなぎながら道をぶらぶら歩いていると、私は彼を助けることは出来ないけれど、彼の幸せを感じずにはいられませんでした。

その日は、くたくたに疲れたが、楽しくて、満ち足りた1日だった。移動に次ぐ移動であったが、訪問した先々で、ジェイソンは、心からの温かさをもって迎えられた。クラウディアはのちに、この訪問によって、これまで出てきていた多くの幽霊が出て来なくなったと述べている。つまり、この訪問によって、ジェイソンのことが以前より理解できるようになり、ジェイソンをより身近に感じることが出来るようになった。その一方で、わが「息子」の身に起こったことにつ

いて、クラウディアは怒りも感じるようになったのだ。

　このあとは、次の重要なステップも、さほど大きなものではないように思われた。私は、彼の生みの親であるジャスミンの足跡を調べ、ジャスミンのもとを訪れた。彼女は、赤ちゃんのときにジェイソンを見たきりだった。カメラを持参していき、私はジェイソンのライフストーリーブックについて説明し、彼女の写真を撮らせてもらうことを快く了承してもらった。そのお返しとして、私はジェイソンの最近の写真を差し出した。ジャスミンは今は再婚して2人の子どもをもうけており、彼女のいちばん上の子どもは、彼女の最初の夫と共に住んでいる。彼女は彼女自身の家族についても詳細な情報を提供してくれて、私は、その情報をジェイソンに、ライフストーリーブックのために提供することが出来た。

　次のステップはジェイソンとクラウディアが、ジャスミンと彼の2番目の夫とその家族と出会う場をセッティングすることだった。このことは実行に移され、それと同時に、ジャスミンはクラウディアがジェイソンと養子縁組することについての同意書にサインした。この再会は、潜在的にはリスクがあったが、ジェイソンがジャスミンに見せるために、自分のライフストーリーブックを作ったときからスムーズに進展した。その後、ジェイソンの生みの父であるエロルと、クラウディアとジェイソンの出会いの場も設定された。その際、ジェイソンの家系図についての情報がもう一度与えられた。そのことで、ジェイソンは、エロルの弟にちなんで名づけられたことがわかった。エロルもまた、養子縁組の申し出に同意し、サインした。

　（このような出会いの場は、すべての参加者が明確にその目的について理解して初めて設定できるものであることを強調しておかなくてはならない。ジェイソンが彼の生みの親と再統合できるかどうかを試すものであっては決してならない。このような取り組みは、ジェイソンが、これまで生みの親について抱いていたかもしれない秘密の夢や恐れを払い去り、過去から情緒的に自分を解放するためのものなのである）。

　ジェイソンがクラウディアと住みはじめてから15カ月後、彼女は彼と養子縁組をした。それから2カ月後、クラウディアは1週間、彼がジャスミンとその家族と一緒に過ごすことを許した。（クラウディアは、もうソーシャルワーカーの許可を得る必要がないことを喜んだ）。その次の週に、クラウディアとヴェルナはジェイソンと彼の異父きょうだいを集め、エロルと一緒に1週間を過ごすために、連れて行った。エロルは今、両親と一番上の子どもと一緒に住んでいる。

　クラウディアが自分を愛していると知って、ジェイソンは、生まれて初めて学校生活を楽しんでおり、自信をもち、人を信頼し、安心して暮らしている。私たちは今ではめったに過去の話はしなくなっている。というのは、現在にもたくさんのことが起こっているし、未来にも楽しみなことがたくさんあるからである。

架け橋：過去・現在・未来

　私たちは、過去と現在をつなぎ、未来へと結びつけるときに「橋を架ける」という言葉を用いる。私たちは自身の経験から、うまく子どもに橋を架けることが、永続的代替家族に定着するための重要な要因となるという結論に至った。

　ライフストーリーワークを一緒に行うにあたって、あなたは、子どもそれぞれの、過去についての気づきと情報を得るだろう。こうした作業は、子どもがやってくるまえに新しい家族が準備をする場合に、非常に重要であることがわかる。新しい家族のもとに行くこと、あるいは生まれた家族のもとに戻ることは、子どもにとってストレスフルな時期であり、子どもたちは「橋を架ける」ための援助とサポートを必要としている。これは、子どもが生きてきた背景における、過去・現在・未来を整理し、まぼろしや空想のような、不確かなものに悩まされなくなるチャンスでもある。

　ヴェラ・ファールバーグ（Vera Fahlberg）が述べ、私たちもまた、そう理解しているのだが、新しい家族のなかに入ろうとしている子どもは、不安でいっぱいの状態にある。しかし、ライフストーリーワークを通じて子どもが自分の人生経験について語ることによって、幼少期の未解決の愛着や分離の問題に対処することが、多くの場合可能となる。

　ケイ・ドンリー（Kay Donley）は、適切に「橋を架ける」メッセージが、ライフストーリーワーク全体を通じて盛り込まれるべきであると考えている。彼女は、初期の委託の段階での課題は、過去の重要な親（通常は生みの親）の像から子どもを自由にさせ、「新しい」母親との結びつき

を支えることであるとしている。ヴェラ・ファールバーグは、このプロセスを、子どもが新しい家族に馴染めるように、「情緒的許可」（emotional permission）を獲得するものであると述べている。子どもの心のなかには、自分にかかわる人々の順位づけがあるのだろう。その位置づけでは、自分との親子関係を解消する兆候があった生みの母からはじまり、その後、新しい家族のところへ移っていくなかで、情緒的許可を得ていくというプロセスをたどるだろう。この重要な段階において、隠された不安や恐れについての手がかりを見落としていないことを確かめるために、子どものライフストーリーブックを再読することが不可欠である。

デイビッド

デイビッドについていえば、彼が自分の母親についていろいろと書いていたものを見れば、現実と空想が入り混じった、母親への強い愛着を示しているのは明らかだった。彼のライフストーリーブックはいくつかの質問表を含んでおり、これらのなかで、デイビッドはとくに自分の母親について触れていた。

> 私がいちばん好きな人は　―ぼくのお母さん
>
> 私の顔がとっても笑顔になるときは　―ぼくがお母さんに会ったとき
>
> 私が心配することは　―ぼくのお母さん
>
> 一緒にいなくちゃ困るものは　―ぼくのお母さん

デイビッドの生みの母親は、彼の小さい頃の生活についての情報と写真を提供してくれた。彼女は、デイビッドを養子縁組家族のもとに託す計画に加わり、彼の養子縁組を承諾すると述べていた。デイビッドのライフストーリーブックの作成を母親に手伝ってもらうことを通じて、子どもを手放すことや情緒的許可について母親に説明がなされた。デイビッドが彼の新しい家族と9カ月生活したとき、お別れ会が準備された。この会で、彼の母親は、デイビッドの新しい両親を承認するサインを送った。デイビッドは、自分の母親が自分の養子縁組に同意し、彼が新しい家族に愛着を寄せてもよいという「許可」を与えてくれたことがわかった。

生みの親をこのようなやり方でかかわらせることは、その親の所在がわからなかったり、子どもの委託計画に異議を唱えているため協力を拒んだりすることがあり、いつも出来るとは限らない。生みの親の協力が得られない場合、ケイ・ドンリーは、子どもにとって重要な人物の順位づけで、次に重要な人のところに進むことを促している。これは、まえの里親であったり、施設の職員の1人など、子どもにとって重要な関係を築いたほかの大人であるかもしれない。この重要な人物に子どものソーシャルワーカーは当てはまらないとケイ・ドンリーは考えている。

こんにちはとさようならを言うこと

　私たちは、クラウディア・ジュエット・ジャレット（Claudia Jewett Jarrett）が「こんにちは」と「さようなら」を言うことの重要性を話しているのを聞いて、示唆を受けた。私たちは、このワークをする場合、まえの章で述べた生活年表の使用とあわせて実施するのを勧める。

　一般に、社会的養護を受けるまえの子どもは、すでに何度か住む場所を移っているだろうし、たとえば、施設と里親の間を何度も行き来する経験をしているかもしれない。これらの多くの移動は、危機的な事態に、無計画に、残念ながら説明もなくなされてきたことだろう。こうした事態は、子どもが自分自身の家族と暮らしていた間もそうであっただろうし、子どもが家族から離れて社会的養護を受けはじめたときにも、「さようなら」を言うチャンスはほとんど間違いなくなかっただろう。

　子どもの記憶では、移動自体はぼんやりした記憶で、その前後の出来事はあいまいになっている。これは、子どもにダメージを与え、子どもの自信喪失をさらに深め、アイデンティティの感覚を傷つける可能性がある。たとえば、一時的な里親ホームから養親家庭に移る場合など、もしあなたが子どもの移動に向けて子どもと一緒に準備しているのであれば、それは子どもにとってトラウマ的であっただろう何らかの小さい頃の経験を改めて取り上げる、非常に重要な機会なのである。

　定評のあるキャンドルの儀式について以下に説明するが、今日、私たちはこれに加えて、「こんにちは」と「さようなら」の儀式を盛り込むことでより効果を高めることが出来る。たとえば、もし子どもが一時的な里親から去って養親家族のところに移っていくところであれば、私たちはその里親にお別れパーティを開くよう勧める。同様に、もし子どもが家庭を変わることに伴い転校する場合には、学校が子どもの旅立ちを正式に認め、このことを儀式として行うよう勧める。このような儀式化した終わり方は、子どもが家庭や施設での生活に特別な愛着を寄せている場合には、とりわけ重要である。

到来あるいは移動カレンダー

　ひとたび子どもが、生まれた元の家に戻る、あるいは新しい家庭が紹介されるといった決定がなされたことを知った場合、子どもの不安は高まる。この理由の1つは、こうしたプランが子どものコントロールの及ばないものであると子どもが感じているためであろう。それゆえ、移動のプロセスは怖くて混乱するものとなる。私たちが「到来」あるいは「移動」のカレンダーと呼んでいるものを作ることで、移動にまつわる不確かさを少なくできることがわかっている。

　到来カレンダー（アドベントカレンダー）は、クリスマスの日へのカウントダウンの時期によ

8　架け橋：過去・現在・未来

く使われているもので、ドアや窓を開くと、クリスマスの時期のさまざまな事柄が書かれている。同様のやり方で、移動カレンダーのドアは、委託へのカウントダウンの間、開かれる。導入の時期は数週間あるのだが、通常その間に施設や新しい家庭を訪ねることが計画される。移動カレンダーのドアは日程を表示する。それらが開いたとき、明確で何らかの特定の情報が現れる。イラストは、このようなカレンダーの例である。

キャンドルの儀式

　キャンドルの儀式は、橋を架ける段階で、子どもたちが人を愛する力をもっているということを示す方法である。子どもたちは儀式を楽しみ、儀式は特別な考え方を理解しやすくするために用いることが出来る。私たちは、キャンドルの技法を、クラウディア・ジュエット・ジャレットの著書『年長児を養子にすること』（*Adopting Older Children*）から拝借している。（私たちは、その技法を、2歳から14歳の子どもへ多く用いた。その技法により、子どもは自分が愛する力をもっていることだけでなく、ほかの人を愛しても大丈夫だということがわかる）。

　並んだキャンドルは、その子どもが自分自身の人生のなかで愛したすべての人たちを示している。この列の前に、あなたはその子どもを象徴するキャンドルを置く。このキャンドルをともす間、あなたは、そのキャンドルは子どもの誕生を意味していて、子どもが生まれながらにして人を愛する力をもってこの世界にやってきたということを説明する。次に、もし必要だと思われるなら、あなたは生みの親を示す最初のキャンドルに灯りをともし、そして、この人が、子どもが愛した最初の人物であることを述べる。あなたは、キャンドルの列に沿って、子どもが移ったそれぞれの新しい状況や子どもが愛した新たな人に対しキャンドルをともすプロセスを続ける。子どもには、「あなたたちは生まれながらにして人を愛する力をもっているんだよ。だから、これからほかの人を愛するからといって、まえに育ててくれた人への愛を捨て去ってしまう（消してしまう）必要はないんだよ」と伝えておこう。

　この手法は、いかに愛を絶やさないことが重要であるかを示している。通常、私たちはこの

手法を、新しい家族に不安があるときにのみ使用している。というのは、この手法によって、新しい家族を意味するキャンドルに灯をともしても、子どもが大丈夫だと感じられるようになるからである。子どもが新しい家族と一緒になっても、私たちは、新しい両親とともに、子どもが過去のほかの人に抱いていた愛を絶やさないことのたいせつさを強調するために、その儀式を繰り返すのである。

エリー　エリーが「私がジョンとサリー（彼女の新しい両親）のためにともしたキャンドルは、今、一番明るく燃えていて、ロレイン（彼女の生みの母親）のキャンドルは一番早くともしたけれど、燃え尽きそして次第に消えていくでしょう」と自分の体験を語ったとき、エリーはその経験をもっとも的確に述べたといえるだろう。

6カ月後、エリーの新しい母親との関係はこじれている兆候を示していた。彼女はこのことについて、キャンドルの儀式を思い起こしながら話をすることが出来た。彼女は、恐らく自分が、過去の母親像に失望させられていると感じており、今、母親を表すキャンドルに灯をともすことを恐れているのだろう、と話した。エリーは最終的にこのことを認めて受容し、母親のキャンドルに火をともしても大丈夫だという自信がついた。

エコマップ

ヴェラ・ファールバーグは、『措置による子どもの旅』（*A Child's Journey Through Placement*, 1994）のなかで、「エコマップ」と呼ばれるものについて述べている。このエコマップというのは、もともとは、子どもとソーシャルワーカー（ヴェラ・ファールバーグは、この考えをミネソタの居住型施設協会のマリエッタ・スペンサー〈Marietta Spencer〉の業績と認めている）の間でコミュニケーションをはじめる際に、一番初めに面接するための技法として発展したものである。マップは、子どもと、子どもの人生にかかわるさまざまな人・場所・人生の一部を形成する出来事を示している。子どもたちは、これらのものが、いかに自分と関係しているか語ることが出来、自分の人生の全体像と、なぜ自分がその場所にいるのかについて、よりよく理解できるようになる。

私たちはうまくこのアイディアを取り入れ、橋を架ける期間だけでなく、子どもが新しい家にいる場合にも応用してきた。そしてそれは、視覚的な表現で、子どもと新しい家族が、何が起こっているかを理解することを助ける手段となる。ヴェラ・ファールバーグは、それが5歳から12歳の範囲で子どもにもっとも効果があるのではないかと考えているが、私たちは年長児にも適用し、効果をあげている。

「どうして私はここにいるの？」という問いかけへの子どもの反応は、子どもが自分の状況をどんなふうに理解しているかを把握するための助けとなるだろう。そして一緒にあなたが

行ってきたライフストーリーワークに目を向けさせ、子どもの人生における重要な人々について話し合い、子どもの現在の人の関係と接触の手段について、たとえば以下のように具体的に示すことが出来る。

　　　　ぼくの生みのお母さんは　—　手紙を書いたり、電話で話してくれます
　　　　ぼくのソーシャルワーカーは　—　ぼくに電話をかけたり、訪ねてきてくれます

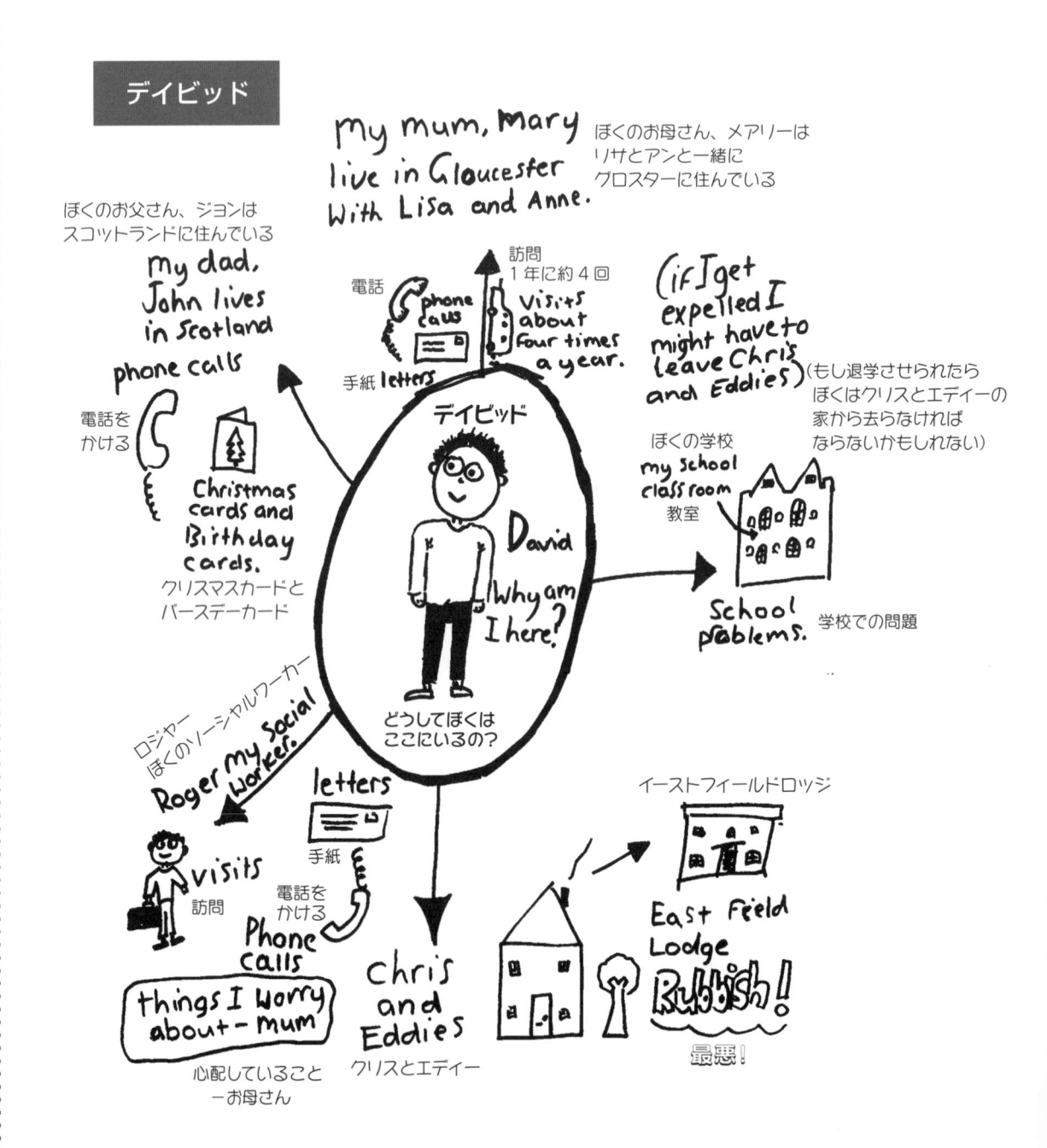

デイビッド

(手書きによる関係図：デイビッドを中心に、お母さんメアリー（グロスターにリサとアンと住んでいる）、お父さんジョン（スコットランド在住）、ソーシャルワーカーのロジャー、クリスとエディー、学校、イーストフィールドロッジなどとの関係が示されている)

- My mum, Mary live in Gloucester with Lisa and Anne. — ぼくのお母さん、メアリーはリサとアンと一緒にグロスターに住んでいる
- My dad, John lives in Scotland — ぼくのお父さん、ジョンはスコットランドに住んでいる
  - phone calls / 電話をかける
  - Christmas cards and Birthday cards. / クリスマスカードとバースデーカード
- phone calls / 電話　　letters / 手紙
- Visits about four times a year. / 訪問　1年に約4回
- (if I get expelled I might have to leave Chris and Eddies) / (もし退学させられたらぼくはクリスとエディーの家から去らなければならないかもしれない)
- David　Why am I here? / どうしてぼくはここにいるの？
- my school classroom / ぼくの学校　教室
- School problems. / 学校での問題
- Roger my Social Worker. / ロジャー　ぼくのソーシャルワーカー
  - visits / 訪問
  - letters / 手紙
  - Phone calls / 電話をかける
- things I worry about - mum / 心配していること―お母さん
- Chris and Eddies / クリスとエディー
- East Field Lodge / イーストフィールドロッジ
- Rubbish! / 最悪！

78

デイビッドが彼の新しい家族と暮して３カ月過ぎたとき、彼は学校で行動上の問題が出はじめ、退学の危機にさらされた。私たちは、彼の学校での行動が、彼の新しい家族との将来をどのようにおびやかしているのか理解できるように、デイビッドのエコマップを用いた。彼の新しい家庭から学校に向けて、彼は攻撃的な矢印を描いた。しかし、このすぐあとに、彼の極端な行動はおさまり、しばらくの間、大変なときもあったが、退学の危機はなくなった。

3 組の両親

　私たちはいつもヴェラ・ファールバーグの「３組の両親」を、橋を架ける間、子どもを支援する手段として使う。それは多くの使い方がある。たとえば、生みの親から生まれ、彼らから授かったものを子どもから取り去ることは出来ない、ということをはっきりと示すことである。以下は、彼女の著書『措置による子どもの旅』（*A Child's Journey Through Placement*, 1994）からの引用である。（彼女が、「里親養育」（foster care）という用語を、アメリカ的に、里親養育と施設ケアの両方を含んで用いることに留意してほしい。）

　　私たちは、子どもたちが住まいを変わらなければならないときに、自分に何が起こっているか告げられていないことがあまりにも多すぎると思っている。里親養育というのは、ソーシャルワーカーには当たり前で合理的に思われるかもしれないが、子どもにはその感覚がない。私たちは、子どもに里親養育について話す方法をいろいろ工夫してきた。その考え方によって、子どもたちの人生の、複数の両親の役割について話し、それぞれの両親が何に対して責任をもつのかをはっきり説明する。私たちは３つの輪を描き、それぞれの両親の役割について子どもたちに説明している。

　親の責任性を強調し、親の責任を分けもつことの可能性を示したイギリスの最近の法律、とりわけ、最近の「2002年養子縁組・児童法」（the Adoption and Children Act 2002、イギリスとウェールズ）は、ヴェラ・ファールバーグの「３組の親」、とくに「法律上の親」の概念から影響を受けている。しかしながら、そうした変化はあるけれども、私たちは、この版のオリジナルな方の概念を重要視している。というのは、子どもが自分に何が起きたかを理解するだけでなく、生みの親とのかかわり合いが増え、法的側面、情緒的側面も理解するのに役立つ有効な手法とみなしているからである。私たちは、今日、「３組の親」というものを少し変化させている（次ページ参照のこと）。

　法的な変化にもかかわらず、情緒的な側面、とりわけ生みの親についての強い感情や、生みの親から分離させられた混乱は、子どもにとって変わらないままである。用語やその背景の概念の適用は、子どもの詳細な事柄（たとえば、子どもが社会的養護のもとにいるのかどうか、順応

「3組の両親」
ヴェラ・ファールバーグ

生みの親
命そのもの　ジェンダー
民族性　身体的容姿　宗教
潜在的な知的能力
ある種の疾患についての傾向
基本的な気質
（たとえば、恥ずかしがり、
頑固、行動的、
など）

法律上の親
経済的な責任性
安心と安全
居住先　通学先
手術の同意
海外渡航の許可
未成年の結婚についての同意
未成年の就労の同意

養育する親
愛
食べ物、玩具、衣服の提供
抱擁とキスを与えること
しつけ
病気になったときの看病

「3組の両親」
修正版

生みの親
命そのもの　ジェンダー
民族性　身体的容姿　宗教
潜在的な知的能力
ある種の疾患についての傾向
基本的な気質
（たとえば、恥ずかしがり、
頑固、行動的、
など）

法的責任をもつ親
経済的な責任性
安心と安全
居住宅　通学先
手術の同意
海外渡航の許可
未成年の結婚についての同意
未成年の就労の同意

「世話をする」養育者
愛
食べ物、玩具、衣服の提供
抱擁とキスを与えること
しつけ
病気になったときの看病

しているかどうか)、あるいは、養親に委託されているかどうかに対処するために、変化させる必要があるだろう。重要なことは、子ども——そして子どもの生みの両親——が、どのように法的な枠組みのなかに自分たちが収まっているのかわかるように説明をしてもらう権利をもっているということである。しかし、それと同時に、彼らの生まれながらの資質は生涯にわたって変わらないままであることを理解する権利もあり、そして誰もこのことを変えたり消し去ることは出来ない。これは、彼らがこの世に存在しているという事実そのものなのである。

ヴェラ・ファールバーグは続ける。

　私たちは、どの子どもにも生みの親がいるということを伝えている。生みの親は変えることが出来ない。それぞれの子どもには、1人の生みの母親と1人の生みの父親がおり、この関係を変えることは、誰にも出来ない。私たちの社会のすべての子どもには法律上の両親がいる。法律上の親は、子どもの生活のなかで大事な決定を行う。養育する両親というのは、日々の生活基盤において、養育としつけのためのニードに応じることの出来る人物である。

　多くの子どもにとって1組の両親というのは、生みの両親であると同時に、法律上の両親であり、養育する親である。しかし里親養育と養子縁組においては、これらの違った種類の役割は分かれている。

　社会的養護を受けている子どもにも、1組の生みの親がいる。申し出をして受託した養育の場合、法律上の両親はまだなお生みの親であるか、あるいは法的な両親の役割が生みの親と親権代行者との間で分担されているかもしれない。たとえば、未成年で軍隊に入る際には、生みの親の同意が求められるかもしれない。その一方で、親権代行者は子どもが生活する家庭や子どもが通う学校を選んだりする権利をもっている。

　親権が裁判所によって打ち切られるとき、親権代行者や裁判所が法律上の親となる。子どもが里親に委託されるとき、里親が養育する親となる。誰が法律上の親であるべきか、誰が養育する親であるべきなのか争っている場合は、裁判所が決定を下す。

　子どもが生みの親のもとに戻っても、親権代行者が法的な後見を続けるとき、(先の)図は責任性を明らかにするのに役立つ。この場合、生みの親が養育する親と同じ役割を担うが、法律上の親の役割は保護機関か裁判所が担い続ける。

　もし親権が打ち切られても、子どもには変わらない生みの親が存在し続ける。子どもには法律上の親としての親権代行者や裁判所がかかわり、養育する親としての里親がいる。私たちがこのような子どもの養子縁組について説明するとき、親権の打ち切りが行われるということは、今後、1組の親が3組の親の役割すべてを満たすことはないという意味であることを子どもに話す。しかしながら、養子縁組は私たちに2つの養育の側面、つまり、法律上の親と養育する親を1組の両親に兼任させることが出来る。子どもはソーシャ

ルワーカーや裁判所が自分に関する決定をもはやせず、子どもと一緒に暮らしている親が、子どもの人生における主要な決定の責任を負うようになることを学ぶ。

　どんな場合でも、この説明方法は、子どもには1組の生みの親がいるという事実を認めるようにする。子どもの人生における生みの親の重要性を受け入れることは、子どもが生みの親から分離されている感覚を扱えるように援助する際に、重要になってくる。

戻るべき基準点として機能するライフストーリーワーク

　人生というのはスムーズには進まない。それだからこそ、あなたは、十分に心の準備が出来ている子どもでさえ、新しい境遇での当面の問題を出すと予想することが出来る。これらのほとんどは、自然な振る舞いである。しかし、ときには不適切な行動が早期の人生経験に起源をもっているかもしれない。たとえばデイビッドの養母であるクリスを愛することについての不安である。ヴェラ・ファールバーグは、このプロセスを、電話の交換台にたとえている。つまり、子どもの過去が、現在に接続され、その結果お互いが干渉し合い、ゆがみが生じるというものである。ライフストーリーワークは、このような問題を生じさせるのが何なのかを明らかにするのに役立つだろう。また、ライフストーリーブックは、危機の際には立ち戻るべき基準点として用いることが出来る。

　ライフストーリーワークと、それを詳細に記録する方法は、それに取りかかったときに得られる情報にもとづいた視点を示している。あなたも子どもも、そのワークを、変わらないものであるとか、一度作られてしまえばすべて完成してしまうものであると考えないことが重要である。生活経験や通常の発達というものは、過去の体験に、新しい体験という光が当てられることで、再評価されながら進んでいくのである。

ステイシー

　11歳の女の子ステイシーは、新しい家族環境への適応に問題があった。新しい両親もまた、彼女にうまく馴染めずにいた。同じような出来事が起こった場合、ライフストーリーブックに立ち戻り、家族と一緒に生活することの大変さを振り返り考えるための基準点として、ブックを活用することが出来た。ステイシーは、自分自身を新しい家族に同化させようともがいていた。彼女は里親家庭の破綻を2回経験し、3回目の措置が破綻してしまうのではないかと心配になっていた。彼女が不安を語れるように援助し、その不安は過去の辛い思い出と関係していることがわかったことで、彼女がいかに自分の過去が自分の現在に影響しているかを理解しはじめるようになった。そのときステイシーは次のように述べている。

　私はマージョリーとジョンと一緒に住み、彼らが私のママとパパになってほしい。新しい家族を築くのは難しい。ママやパパとうまくいかなくなったとき、私はショックだった。

パパは、もし私が態度を変えなければ、ここを出て行かなくてはならないだろうと言った。私は自分の態度を変えたい。ママと言い争いをしたとき、私はみじめな気分になる。そうなると私は家を離れなくてはならなくなるかもしれないから、心配になる。私はママとパパと一緒にいたいと思う。だって、ここはいい所だから。実際にはほかにどこにも行くところがない。私はほかの人と助け合っていきたいけど、どうすればいいのかわからない。それでも私はパパと仲よくやっていきたいし、2人とも愛している。私はみじめで、友達がいないまま暮らしたくない。イーストフィールドロッジでは友達がいたのに、どうしてここでは友達が出来ないのかわからない。

　私たちは、これを彼女の新しい両親に説明することが出来、不安は明らかに減った。彼女の新しい両親は、ステイシーの問題行動は本人が意図してやっているわけではなく、彼女の過去の体験から生じる不安が、現在に漏れ出ていることによって起きていると理解することが出来た。

9

ライフストーリーワークを超えて

　子どもによっては、ライフストーリーワークだけでは、心の底にある痛ましい世界を守るために作り上げてきた壁を、打ち破ることが十分にできない場合もあるだろう。何回も住む場所の変遷を経験してきた子どもたちは、とくにこうした傾向が顕著であり、うわべ以上に人との関係を深めたり、維持したりする力が、ひどく損なわれている。こうした子どもたちは、よく「気持ちが凍りついている」と表現されてきた。ヴェラ・ファールバーグ（Vera Fahlberg）が定義したところによると、気持ちが凍りついているとは、過去のどこかに過度に厚い殻で覆われたものがあり、そこにすべてのエネルギーが注がれているようであり、情緒的な不均衡が生じている状態である。今日、私たちは、こうした子どもは、愛着の問題を抱えていると考えているが、『養育・養子里親のための愛着ハンドブック』（The Attachment Handbook for Foster Care and Adoption, Schofield and Beek, 2006）には、さまざまなタイプの愛着、愛着形成について記述されており、また養育者にとって有益な「愛着の課題」があげられている。

　生みの親との別れというトラウマは、おそらくはどの子どもにとっても、経験しうる最悪のものであろう。その別れによる影響は、たとえ長い年月が経っていようとも、決して軽視や無視をするべきではない。子どもが固着、いい換えれば「気持ちが凍りつく」のは、こうした別れの結果であり、そして、そうなると、どこか1つの家庭に落ち着くこと（養子縁組）が破綻する危険性は非常に高い。というのも、そうした子どもたちの表層的な感じが、拒絶を招きがちだからだ。いくつか里親宅を転々としたのち、こうした子どもたちは「ラベル」を貼られるようになる。未熟で、対人関係が表層的で、見境いなく愛情を求め、自己中心的な子どもであ

るといったようなラベルが貼られるのである。

　7年間に9回も生活場所が変わっているデイビッドの生活年表をみれば、まさに彼が、愛着の問題を抱えた子どもであるとわかるだろう。デイビッドのような子どもは、大人のように自分自身のことを話せるとは思ったこともないのである。こうした子どもたちは、何か別のコミュニケーションの方法を見つける必要があり、私たちの方も、彼らとコミュニケーションをとるほかの方法を見つける必要があるのだ。多様な方法があるが、子ども自身が好むコミュニケーションの仕方を基本にすることがたいせつである。たとえば、「遊び」をコミュニケーションの手段として、また事態を解決する手段として用いるなどである。しかしながら、子どもによっては、ライフストーリーワークをはじめられるようになるまえに、専門的な治療的介入が必要となる場合もあるだろう。

遊びを通してのコミュニケーション

　以下に述べるのは、一般的にいわれているような意味でのセラピーではなく、子どもたちとコミュニケーションをとるにあたってのお勧めの方法で、私たちがこれまで用いてうまくいったものである。誰だって、子どもが人形を相手にお母さん（お父さん）ごっこをしていたり、自分の親の話し方をまねしたりしているのをみれば、こうしたやり方が、子どもと関係を作るのによいということに気づくだろう。こうしたことをするには、大人である私たちにも要求が課されるものである。私たちの方が抑制を解かないといけないからだ。子どもがふと口にすることに敏感に、そしてそれに添って応答する準備をしながら、私たちは、子どもの世界に入っていかなければならない。

　私たちが、こうした「遊びを通してのコミュニケーション」技法を適用するのは、3歳から15歳までの子どもである。この技法を使うことに自信がもてるようになるにつれ、こうした技法を、ライフストーリーブックの最後にというより、むしろ準備段階に導入するようになった。そして、今やライフストーリーワークをはじめるまえに「遊び」をよく用いるようになっている。

パペット人形

　1つのパペット人形をあなたが話すのに使って、別のパペット人形を子どもが使って話をするのに用いるのは、どの年齢の子どもと話をするにもよい方法だが、とりわけ、幼い子どもに有効だ。どんなに子どもとよい関係であっても、子どもたちの内的な世界を明らかにするのは難しいと、多くの人が感じている。子どもたちは、自分の心の奥底の考えを表すのに、人形を使えばより安全に感じる。というのは、人形が距離感を与えてくれるからだ。たいてい、相互

の会話がはじめられるのは、あなたの人形が子どもの人形に質問をするところからである。

アーシャ　以下は、里親とアーシャの間で行われた会話である。アーシャは、5歳の女の子で、最近、両親との別離を経験したばかりだった。2人は、里親がカエルのパペット、アーシャはペンギンのパペットを通して、話をした。

カエル：あなたはライラおばちゃんとローハンおじちゃんと一緒に住んでるの？
ペンギン：まあ、そんなところ。
カエル：あなたは、どこに住みたいの？
ペンギン：私のママとパパと一緒によ。
カエル：もし、私のママやパパと一緒に暮らせなかったら、私とっても悲しいわ。
ペンギン：私、悲しいの。だって、ママやパパと暮らせないんだもの。
カエル：どうして、あなたのママやパパと一緒に暮らせないの？
ペンギン：だってね、ママとパパはもうお友達じゃないの。もうお互いのことを愛してないのよ。

この会話から間もなく、2週間まえに両親と別れてから一度も泣いたことがなかったアーシャは、泣きはじめた。悲しんでもよいという「許可」が、与えられたからだ。

人形あそび

　この技法を3歳以上の幼い子どもに用いて、非常にうまくいっているが、私たち自身の抑制がまず取れてから、年長の子どもにも用いている。先に述べたように、この活動に参加するには、あなた自身がリラックスする必要があるのだ！
　玩具店へ行って、人形の「家族」を買うことも出来るだろう。私たちが使っている人形のセットは、はっきりと表情がわかるものである。たとえば、うれしそうとか、悲しそうとか怒っているといった表情だ。さまざまな民族的背景の人形をそろえることが出来る。
　自分がどんなふうに感じるかについて、直接話をするのが嫌な子どもたちも、人形がどう「感じる」かについて話す用意はあるものだ。その技法に含まれるのは、お話を語ることである。そのお話は、基本的には、生活年表のなかに描写された、子ども自身のライフストーリーだが、それが人形に託されるのである。初めてお話を語るときには、私たちは普通、具体的な事実だけについて語る。「これはお母さんで、女の子の赤ちゃんがいました」といった具合だ。ついには、その子どもは、ごっこ遊びに引き込まれていく（それには、数セッションかかることもあるだろう）。そして、人形に感情を吹き込んでいくのである。そこには、その子どもの内的世界が映し出されている。

暴力に服従させられてきた子どもは、しばしばそうした体験を再現する。ある子どもは、部屋中にお父さん人形を投げつけた。また別の5歳の女の子クロエは、混乱していた。というのも、彼女が養子縁組され、ある家庭に移り住むときに、年配の短期里親が泣いていたからだった。6ヵ月たっても、彼女はまだ悩んでいたが、その出来事を話すのは拒んだ。人形を使って、私たちは彼女に小さな女の子のお話を語ることが出来た。その子は大好きな「おばあちゃん」のところから引っ越さなければならなかった。この「おばあちゃん」は泣いていた。クロエは言った。「私がおばあちゃんのところから引っ越してくるとき、おばあちゃんは泣いていた。私も泣きたかったけど、心配で出来なかったの」。このことから、彼女は起きたことを理解することが出来、「おばあちゃん」は、元気にしているから大丈夫ということを確信することが出来た。

エンプティ・チェアー（からっぽのイス）

　子どもたちは、これまでに自分たちをがっかりさせたり、拒絶した大人への嫌悪を募らせることもあるだろう。こうした感情がそれとわかることもあるが、大抵の場合、それは秘められ、解決されないままである。こうした否定的な感情へとたどり着き、それを明らかにしていく方法の1つに「エンプティ・チェアー」技法がある。これは、ゲシュタルト療法の技法であるが、私たちがこの技法に出合ったのは、クラウディア・ジュエット・ジャレット（Claudia Jewett Jarrett）の『年長児を養子にすること』（*Adopting the Older Child*）という本を通じてであった。

　空のイスを部屋の中央に用意する。まだ未解決の課題をもっている人がそこに座っているところを子どもたちに想像させる。その空のイス（エンプティ・チェア）のおかげで、その子はいまだ未解決であるものに焦点付けることが出来るのだ。

　デイビッドは、私たちがからっぽのイスを示すと、興味と好奇心を示した。しかし彼は、そこに座るのに適当な人を思いつけないと言った。「あなたのお母さんはどう？」と私たちは促した。するとデイビッドはきっぱりとした態度でイスに近づいて、次のことを教えてほしいと言った。「どうしてぼくを置いていったの？　あんたの頭をけりたおしてやりたいよ」。神経質そうに笑って、彼は、気乗りしない様子で、自分の言ったことを取り消そうとした。「あなたは、お母さんに腹を立てているのね？」と私たちが尋ねると、「そうだ」と彼は答えた。

　このような怒りの表現を建設的に活用することも出来る。そのためには、その子にイスに座っている人の役を演じさせるのである。そうして、相手がどう感じるかを経験させるのだ。

　デイビッドは、イスに座って、自分が母親であるとイメージした。そして私の方が、デイビッドのふりをした。「どうしてぼくを置いていったの？」と私は尋ねた。「私がお前を置いていったのは、あの頃おまえの父さんとケンカをしていたからだよ。私たちは、もうそれ以上一緒に暮らすことは出来なかったんだ」。彼はそう答えた。

電話

　おもちゃの電話も、エンプティ・チェアーと同じような方法で使うことが出来る。子どもを、過去の誰かに電話をかけさせて、その人と想像上の会話をするよう促すのである。これはあまりにも直接的になりすぎるきらいがあるが、子どもにとって脅威にならないようにするために、パペットや人形同士に電話で会話させるという方法をとることが出来る。

シャンテル

　シャンテルが自分の生まれた家族から離れたのは4歳のときだった。そうなってしまったのは、母親のパートナーから絶えずひどい仕打ちを受けていたからだった。彼女は里親宅に委託されたが、6カ月で破綻した。この里親委託の失敗から4カ月後に、以下の人形と電話を使った遊びが行われた。私たちは、人形で2組の両親を用意した。そのうち1つのセットのお父さんは怒った顔をしている。人形には名前はつけず、里親とも生みの親とも指定されなかった*。

*この研究の初出は、Community Care 1982年12月号。

私：この女の子（人形）を見て。この子は、本当のママと暮らすことが出来ないの。この子は、養父母からの愛情とケアを受けることになると思う？

シャンテル：いいえ、受けないわ。この子が、愛情とケアを受けるのは、本当のママからだけよ。それに、ママと一緒に住んでいるあの人は、いい人だわ。

私：（やさしく）いい人には思えないけど。

シャンテル：いいえ、いい人よ（シャンテルは、それから、その怒った顔の男性の人形を取り上げ、お母さん人形から遠ざけた）。

私：何が起こっているか見て（私は、お母さん人形を怒った男性の人形のところにもっていき、2体をまたくっつけた）。

シャンテル：でも、あいつは行ってしまったのよ（彼女は、怒った男性の人形を取り上げて、部屋の向こうまで投げつけた）。

私：さて、一体どうなるのかしら。本当のママは、また彼を連れ戻しに行くわ。

　私たちは、これを何回か繰り返した。シャンテルが怒った男性の人形を投げつけて、私が、その人形を拾うためにお母さん人形にそこへ行かせるのである。シャンテルは段々ひどく怒り出して、「あのお母さんに電話をするわ」と宣言した。彼女はもう電話には慣れていた。というのも、それまでにも電話で一緒に遊んだことがあったからだ。

私：お母さんは、なんて呼ばれてるの？

シャンテル：カルメン（彼女の生みのお母さんの名前）、もしもし！　私、知りたいんだけど、あの女の子はどうしてあなたと一緒に暮らせないの？　あの男をどこかにやってしまえば、この女の子が戻って、愛情やケアを受けられるわ。

　　（この時点で、シャンテルは電話を投げ出して、顔には狼狽と疑惑の表情が浮かんだ）

私：どうしたの？

シャンテル：お母さんは、電話を切ったのよ。

（シャンテルを抱き上げて、彼女の痛みを慰めたいという衝動に負けそうになった。意志の力で何とかもちこたえて、私は人形遊びに戻った）

私：女の子は大変だったね。こんなに混乱して……（私は、その女の子の人形をくるくる回した）この子はどこに行ったらいいのかわからないのね。自分を生んでくれたママから愛情とケアをもらえない。養父母からは、もらおうとしない。

シャンテル：そうよ、その子はいつだって心がからっぽなの。

シャンテルは意を決して、その女の子に電話をして、養父母のところに行って住むようにとアドバイスをした。なぜって、そこにいけば愛情とケアが得られるから。私はシャンテルに、「自分を生んでくれたママをたいせつに思う気持ちも、よくわかってる」って言ってあげようねと、そっと伝えた。

シャンテル：ええ、わかってるわ。その子は自分を産んでくれたママを愛することが出来るけど、一緒に住むことは出来ないの。だって、その子のママは、コイツと別れたくないと思っているからね。

これから間もなく、シャンテルは里親宅に移り、結局、その新しい家庭に落ち着くことになった。

この遊びについて、シャンテルに解釈（説明）したことは一度もない。たとえば、あきらかに私たちは、その女の子の人形がシャンテル自身であると感じていたが、そのつながりを彼女に示そうとしたことはない。バイオレット・オークランダー（Violet Oaklander）は、『子どもたちへの窓』（*Windows to our Children*）のなかで、子どもとのワークの過程というのは、やさしく、漂うようなもので、「一種の有機的な出来事」だと述べている。シャンテルのためのワークでは、人形や電話を使ったことが、自分の人生に起こったことを理解し、それを脅威的ではない方法で、言葉にしていくプロセスをはじめることを助けたのだろう。もし、なぜ里親委託が失敗し

たかということについて、彼女に直接的な質問をしていたら、何も進展しなかっただろうと思う。

ロールプレイ

　年長の子ども、とくに思春期の子どもに対するときは、もっと直接的に実施できる。私たちはよく次のような状況のロールプレイをする。私たちが若者役をやり、彼らがそのシーンの別の役をするよう、ティーンエージャーに指示するのである。こうすることで、彼らは、監督しながら、脚本家の役もこなすことになる。その結果、皆が関心をもって体験を明らかにすることが出来るのである。

　ロールプレイについては、11章で思春期の子どもたちとのグループワークについて述べているところで、さらに論じたい。

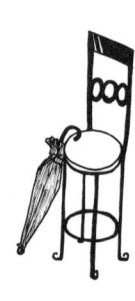

黒人の子どもたちとワークをする

　家族の歴史や背景、将来について子どもたちと話すとき、あなたは彼ら自身がいろいろ誤解していることがわかるだろう。そしてあなたは、彼らが自分自身を知るための情報を提供する多くのチャンスがあることに気づき、そうした機会を生かすことで、肯定的な自己イメージをもちやすくさせる。アジア人、アフリカ人、アフリカ系カリブ人の子どもたちや複数の人種を祖先にもつ子どもたちには、彼らが自分自身について感じるある特別な一面がある。それはつまり、彼ら自身の肌の色のこと、そしてその肌の色によって示されることについてである。ライフストーリーワークのための準備はいつも細心の注意と誠実さをもって行う必要がある。とくに、彼らが正しいと思っていることについてあなたが何かを伝えようとするときや、もしあなたが白人で、黒人の子どもや複数の人種を祖先にもつ子どもとワークをする場合には、おそらくこのような配慮がより必要になってくる。

　最初に、もしあなたが白人でそのような子どもとワークをするなら、あなたは黒人や少数民族の人のことを表す際に使う、正しい用語を知っておかなくてはならない。なぜなら間違った言葉の使い方は、手助けどころか妨げになるかもしれないからである。「有色人種（coloured）」や「混血（half-caste）」のような言葉遣いは不快であり、決して使うべきではない。それらは子どもの民族的アイデンティティを否定するものである。

　もしあなたが白人で、民族や人種差別について黒人の子どもと話をする場合、黒人の子どもが黒人や少数民族出身の人同士で話し合うのと同じようにはいかない、ということを知っておく必要がある。したがってあなたは黒人や少数民族のワーカーをかかわらせるあらゆる努力を

するべきである。この援助者を通して、たくさんの質問に直接答えることが出来、そしてそのつながりは子どもが同一視できる対象を得ることになる。このことは彼らの人生のほとんどが社会的養護のもとにいたり、彼ら自身の民族社会の人とほとんど接触したことがないかもしれない子どもたちにとって、あるいは彼らの文化から遠く離れて生活している子ども、海外から来て異人種、異文化のなかに置かれた子どもたちにとって、とくに効果的である。

イギリスの多くの地域で、彼らの生まれた家族から離れている黒人と少数民族の子どもたちは小さなマイノリティの集団に属しており、主流は白人の集団である。自己防衛のため、あるいは彼らはほかにモデルが見つからないため、子どもたちは白人であるかのようにふるまおうとしたり、人種的偏見に耐えようとするかもしれない。自分が白人であると「思いこんだり」、あるいは（たとえば皮膚をごしごし洗ったりすることで）白人になろうと考えている黒人や少数民族の子どもたちは、ゆくゆくは否定的な一面を残してしまう。すべての子どもたちと同じように、私たちが彼らが肯定的な自己イメージをつくる手助けをし、自己肯定感の快い感覚を身につけさせなければならない。私たちは、彼らが黒人やアジア人であったり、複数の人種を祖先にもっていることが問題なのではなく、周囲の態度に問題があるのだ、ということを理解する手助けをしなければならない。ただ、この課題については、私たちが忘れてはならないことだが、彼らにとっては取り組むのが困難な課題の1つであって、彼らの生活やアイデンティティといったほかの課題についても、重要視していく必要があることを知らなければならない。

ラビンダー・バーン（Ravinder Barn, 1999）によって編集された『黒人の子どもたちや青少年とワークするのに必要なこと』（*Working with Black Children and Adolescents in Need*）という題名の本は、黒人や少数民族の子どもたちと会話することに焦点をあて、さらに彼らと直接ワークをする場合のさまざまな側面について論じた論文を集めた本である。

白人のワーカーは、人種について扱う際に、自身に生じる恐れや疑問についてよく考え、それらを克服する必要がある。人種の話題や人種的偏見や有色人種問題を避けることなく、ワークをすべきである。そうでなければ、子どもはワーカーに壁があることを直感的に感じ、やり取りのなかで不愉快になったり、言いたいことを抑圧してしまうであろう。それによって、コミュニケーションはぎこちないものになり、子どもは安心感を得られず、ワーカーを信頼できなくなるかもしれない。

あ なたは何をすることが出来るか？

人種や人種差別や民族のアイデンティティについての問題は、とても複雑で感情的に苦しめられる。とくにワーカーは——黒人／少数民族と白人の両方とも——民族性や文化について議論し尽くし、感情を客観的に表現する手助けのため、専門家を必要とするかもしれない。子どもにとって疑問に思っていることは異なるが、彼らが疑問に思っている領域を明確にすること

がワーカーの助けになる。

　ライフストーリーワークをするワーカーが子どもの内的世界と外界の現実世界の両方を正しく理解することが子どもにとっては重要である。これはワーカーが社会とのかかわりのなかで民族社会での家族の生活状況に精通する必要があることを意味している。これはさまざまな資源から情報を得ることの必要性も含んでいる。たとえば子どもによく似た文化の人々や人種平等委員会（the Commission for Racial Equality）や人種平等基金（the Race Equality Foundation：以前の人種平等団体 the Race Equality Unit）といった機関、黒人や少数民族の作家による文献、大使館などである。

　黒人や少数民族の人々は一般的に同質グループのように思われているが、専門家によって調査されている家族生活や子育ての様式は大きな違いがあることがわかっている。世界中の人々の家族の生活様式には、文化や民族や階級によって大きな違いがあり、それはイギリスの少数民族の地域社会にも反映している。これらの違いは理解され、その重要性が認められる必要がある。

　子どもは、ワーカーによって尊重されていると感じられる必要があり、その感じをもつことによって、「何も言う言葉がないときにはどう感じるだろう」ということをわかっている大人がもつ感覚を、理解するようになるだろう。子どもの世界について学ぶことで、ワーカーが子どもに伝える価値観を、具体的な方法で示すことが出来るだろう。

　子どものライフストーリーは、新しい家族へ移動しても、そこで終わることはないということを覚えておくのはたいせつなことである。生まれた家族のなかで子どもは親族から受け継いだ特性にいつも気づかされ、そして家族や生活のなかでたいせつな人の情報を与えられる。この連続性もまた代替家族のなかで成長する子どもに必要なものである。

　あなたの民族背景が何であっても、あなたが黒人や少数民族や多国籍をもつ子どもとライフストーリーワークをするなら、そのような子どもたちは、望むときにはいつでも、自身の民族性について話し合いたいという欲求をもち続けているということを認識する必要がある。家族の生活について話すとき、子どもたちに違った民族背景の家族写真を見せよう。写真のなかの人々について話すように促し、そして彼らにもっとも似ているのはどの人かを尋ねよう。これを話し合いをはじめる時点で使う。彼らが周囲からこう見られたいというような自分の姿を、絵に描くように促す。もし彼らが自分の状態とは違った絵を提出したなら、個々の人間には独自性があることを強調しつつ、描かれた絵を題材にすることで、さまざまな民族背景をもつ人々と、彼らの特徴について話し合いをしよう。

　すべての子どもたちは、家族背景はもちろん、民族や文化の背景の感覚が必要である。子ども（あるいはその家族）の生まれた社会の写真、ポスター、本を手に入れるように試みてみよう（有用な書籍については、後述の「もっと学びたい人のために」を参照のこと）（外国から来た白人の子どもの場合も、同じようにする）。マイノリティの人物を取り上げる際には、有名な黒人

> ### 有名なアフリカ人、アフリカ系カリブ人、アジア系イギリス人
>
> **Baroness Valerie Amos** は、院議員のリーダーで、評議会の議長である。
>
> **Dame Kelly Holmes** は、2004年のオリンピックで800mと1500mの競技で2つの金メダルを取った運動選手である。
>
> **Lenny Henry** は、イギリスでもっとも有名なコメディアンの1人で、また妻のDawn Frenchと一緒にコミック・リリーフ（Comic Relief：チャリティー活動団体）で活動している。
>
> **Meera Syal** は、コメディアン、女優、作家で、テレビのGoodness Gracious MeやThe Kumars at Number 42の番組の役で有名である。
>
> **Baron Karan Bilimoria** は、コブラビールの創始者で、代表取締役。そして上院議員のなかで初めてのパルシー教徒である。
>
> **Ben Okri** は、詩人、小説家で、1991年 *Famished Road*（邦題『満たされぬ道』）という作品でブッカー賞（Booker Prize）を受賞した。
>
> **Ms Dynamite** は、2002年Mercury Music賞を取ったR＆B、ヒップホップのミュージシャンである。
>
> **Sir Trevor McDonald** は、テレビニュースの司会者で、イギリスで最初の黒人のニュースキャスターである。
>
> **Benjamin Zephaniah** は、ウスタファリ信奉者の作家、詩人で、同時に英文学でも有名である。
>
> **Amir Khan** は、2004年のアテネオリンピックのボクシングライト級で銀メダルを取ったボクサーである。
>
> **Sophie Okonedo** は、映画の『ホテル・ルワンダ』（Hotel Rwanda）という作品の役で、オスカーに選ばれた女優である。

や少数民族の人々、とくに黒人のイギリス人や少数民族の人々—作家、政治家、音楽家、運動選手—の写真を含める。機会があるときに子どもの社会の業績についても強調する。たとえばザ・ヴォイス（The Voice）、カリビアン・タイムズ（Caribbean Times）、アジアン・タイムズ（Asian Times）などの新聞を読み、子どもたちに見せる。さまざまなコミュニティにある情報センターや青少年クラブを訪問したり、手紙を書いたりすることで、あなたにとって手助けになるものが何かわかるだろう。子どもたちは、たとえばイスラム教やラスタファリ主義のことについてや、生まれた家族が食べていたのはどんな種類の食べ物だったか、お祝いをするときにどんなお祭りがあるのか知りたいかもしれない。また彼らが自分自身の髪や皮膚についてどのように手入れするのか知りたいかもしれない。彼らがそれらすべてのことについて情報を得るために手助けをする。もしあなたの地域でカリビアン・カーニバル（Caribbean carnival）やアジアン・メーラ（Asian mela）のような祭りがあるなら、子どもを連れて行こう。ブリストルにある大英帝国連邦博物館では、さまざまな国の作品が展示されており、これも役に立つ資源である。

10 黒人の子どもたちとワークをする

ダニエル

ダニエルはカリブ出身の父と白人であるイギリス人の母との子どもである。彼女の母は不運な家庭生活で、若いときにリバープールに行くために家を離れた。そこで母はダニエルの父と出会った。彼らは幸せな関係を築き、初めての赤ちゃんであるダニエルの姉は歓迎され、とてもかわいがられた。その関係が壊れはじめ、再び妊娠に気づいたときは、ダニエルの母は不運だった。ダニエルが生まれたときには、すでに彼女の父は姿を消し、ダニエルの誕生は歓迎されない出来事だった。

4歳になるまで、ダニエルは社会的養護のもとで生活していた。彼女の姉は母と一緒に生活していた。ダニエルが里親宅に長期に委託されるよう働きかけがなされていたが、うまくいかなかった。母はまだ彼女を気にかけてはいたが、ダニエルが自分のところに戻ることが出来るとは思わなかった。ダニエルが8歳になったとき里親宅に委託する2回目の試みをすることが決まった。このとき、委託前にライフストーリーワークがされた。ブックを作成する作業の間に、彼女に父親がいること、そして、2つの人種を祖先にもつことをダニエルはまったく信じていないことがわかった。

ダニエルは住んでいたところから離れたくないと言った。そしてもしソーシャルワーカーが里親委託について彼女に話をするなら、彼女は逃げて隠れただろう。しかし彼女はライフストーリーブックを作成することに同意した。なぜなら彼女は彼女自身についてもっと知りたかったからである。家系図を書き、出生証明書について話し、「人生の事実」について話し合うことによって、ダニエルは彼女には父親がおり、その人となりや、父についての評判を受け入れるようになった。

次のステップは、彼女の父親は黒人で、それゆえに白人だけではなく黒人社会にも居場所があることをダニエルに受け入れてもらうことだった。私は彼女の父の出身地であるセントルーシアの地図や写真やポスターを手に入れようともちかけた。ダニエルは最終的にはこの申し出を受け入れ、ほかの子どもやスタッフに自分の父について話しはじめた。彼女はほかの子どもからからかわれることがあったが、自分の「別の側面」を見出したことで夢中になっており、からかわれても父親の話をするのをやめようとはしなかった。

複数の人種を祖先にもっているということは、長い間ダニエルを悩ませたが、彼女はそれについて決して話そうとしなかった。今、彼女は自信をもって、それについて話すことが出来る。彼女は自分の父がどこの出身であるかを素直に認めることが出来る。出生証明書によって、彼女は自分の両親が誰なのかがわかる。ダニエルを気づかい、母は彼女が委託されるまえに快く写真をくれたが、ダニエルの父の写真は持っていなかった。

ライフストーリーブックが更新される頃には、ダニエルは以前に住んでいた場所での挫折について、話し合う機会ももてるようになった。彼女について再度養子縁組が検討されるときには、彼女のアイデンティティの感覚は安定していた。彼女は新しい家族（ジャマイカ人の父と白人のアイルランド人の母）のもとに身を置き、そして彼女の生みの両親について彼らに話すことを幸せに

感じ、彼らにライフストーリーブックを見せたとき、彼らにも受け入れられたように思えた。彼女は1年後に新しい家族の養子になった。

ダニエルは、自分が複数の人種を祖先にもっているという部分も含めて、すべての過去についての真実が必要だった。それは彼女が整理する必要があったすべてのなかでも重要な部分であった。

BAAFによって出版された『家族を探す』（*In Search Belong*, Harris, 2006）という題名の選集は、外国からも含め、人種を超えて養子になった50人以上の子ども、若者、大人によって書かれた文章を集めたものである。この選集は、養子になることについての思いや考え、そして、民族的・文化的なアイデンティティだけではなく、養子縁組の事実に直面する苦悩を明らかにしている。

この章を書くに当たり、力を貸していただいたビューラス・ミルズ（Beulas Mills）、リーズ・ソーシャル・サービス（Leeds Social Service）や、ワークの専門家ジャニス・ブラックバン（Janis Blackbun）、シェフィールドの少数民族里親の役員に感謝する。そしてそのおかげで初版の『ライフストーリーブックをつくること』（*Making Life Story Book*）を出版した。私たちは黒人のソーシャルワーカーで養子縁組支援センター（Post-Adoption Centre）のカウンセラーであるローズ・ダグー（Rose Dagoo）の有用なコメントや助言にもまた感謝する。

外国から養子にきた子どもたちとのライフストーリーワーク

外国で生まれ、イギリスで養子になる子どもたちが増えているが、彼らは経済状態や自然災害によって家族から引き離される国から来るだけではなく、戦争で疲弊した国の家族から引き離され「付き添いがいない」まま、送られてくる場合がある。このような場合は、将来、子どもが生まれた家族と会えるようになった場合や、子どもが大人になった際に、彼らが考える親としての責務のあり方が、イギリスに彼らを送った家族が考えるものと違うので、特有の問題が起きるかもしれない。

外国から養子に来た多くの子どもたちは、今、健全なアイデンティティの感覚がとくにたいせつになる時期である思春期である。成人している者もいる。

これらの子どもたちとライフストーリーワークをするとき、子どもたちと養親の両方に追加される考慮すべきことがある。イギリスで生まれて育った子どもたちとワークするときに想定する多くの基本はあてはまらないかもしれない。

社会はもちろん、それぞれに異なった国で成り立っている。家族の概念、親であること、親としての義務はあなたが慣れ親しんだものとは違う。あなたがそれに気づき、彼や彼女の生まれを理解するために子どもを手助けするときには慎重にする必要がある。これはなぜ生みの両親が養

子縁組によって、子どもを手放したのかについての理由を考えるときに、とくにたいせつである。

　それは子どもの両親が全くわからないときも、同様にたいせつである。政治不安、極度の貧困、大家族制の破綻は、子どもの生まれがわからず、ライフストーリーワークの一部が出来ないことを意味する。——その軌跡は養親が初めて子どもと出会ったときからはじまるかもしれない。

　子どもの生まれた国、習慣、言語について、出来るだけ多くの情報を手に入れること、それをワークの一部にすることは不可欠である。もし個別の情報や資料が入手できないなら、生まれた国での子どもの写真を代用する必要があるだろう。この章の初めに取り上げた人種の問題は、外国から来た子どもとのワークをする場合、一様に重要である。

　生まれた祖国がメディアで軽蔑的に報道されることがある。子どもとライフストーリーワークをするなかで、子どもが彼らの母国のよい一面に触れたいと思ったり、あなたがその国についてどう感じているかを引き出そうとするようなことがあり、それらについて話し合う必要が出てくるかもしれない。ほとんどの養親は子どもの生まれを共有しないであろう。そしてそれが与えるかもしれない影響を正しく理解する必要があるだろう。——子どもは生まれた国が違う場所にあるとき、イギリスで育ったことについてその子どもが感じていることをあなたが理解しているとは思わないだろう。

　同様に近隣や学校の子どもたちは子どもがどこから来たのか知りたいかもしれない。——あなたはその生まれについて、子どもが安心するよう手助けできる。子どもが違う国から来たことを認め、それについて当惑せず、その境遇を誇りにするように励ましていくことが出来る。もしこれが出来ないなら、そのときは適切な「カバー・ストーリー（外部向けの説明）」が役に立つだろう。

　地図を使うことが、子ども自身が自分の居場所を見つける助けになるだろう。生まれた国とイギリスの地図はもちろん、彼らの国とイギリスの間の国の地図を見せたり、あるいは世界地図を使うことを忘れないでほしい。そうすると子どもは、自分がイギリスにどうやって来たのがわかる。

　生まれた国のポスターや写真は大使館で手に入れることが出来る。ごく近くなら、彼らは快くあなたと子どもに話をしてくれる人を調べてくれるだろう。これは子どもの出身国の文化や習慣や毎日の生活を理解するうえで貴重である。

　もしあなたが子どもの生まれた国を訪問しようと決め、それが可能ならば、これは注意深く準備する必要はあるが、子どもが健全なアイデンティティの感覚を身につけることを手助けするために価値があることである。

　生まれた家族と接触することは注意深く、よく考えて欲しい。——子どもがそれを扱う準備が出来ているかどうか、あなたは判断する必要があるだろう。

　そんな旅行が難しい国もあるだろう。なぜなら彼らは養子縁組の事実を内緒にしているため

である。記録はあてにならないかもしれないし、残っていないかもしれないし、破損しているかもしれない。二重国籍を認められている国もあるかもしれないが、その分、兵役などの義務を果たすよう求められることもある。

　旅行を記録しておこう。そして子どもの生まれやストーリーにとってたいせつな人や場所のすべて、とりわけ彼らが生まれた場所、初めて養親に会った場所は写真に撮っておこう。

　もしあなたがライフストーリーブックを作るなら、2冊作るべきだと提案する人もいるだろう。——1つは子どものストーリーについて、1つは子どもの生まれた国について。もしあなたがこれを行うなら、子どもによってそれぞれ異なるため、祖国からの分離に伴う感情を話すかどうかをよく検討してほしい。

養親たち

　もしかしたら、あなたが子どもにライフストーリーワークをする養親かもしれない。

　あなたの子どもを養子にした理由は、ワークの一部に必要であろう。あなたがなぜ養子を迎える決心をしたのかというお決まりの話題はもちろん、あなたが外国から子どもを養子にすることを選択するに到った事実について話すことも必要であろう。

　今現在、イギリスで養子縁組される赤ちゃんはそんなに多くないという理由で、あなたは海外から養子縁組をしたのかもしれない。あるいは、あなたは置き去りにされた子どもの話を聞いたり、読んだりしたからなのかもしれない。もしくは、あなたが子どもが生まれた国で働いた経験があり、その国の子どもに親しみを感じたからなのかもしれない。障害のある子どもに、よりよい生活や治療の機会を提供してあげたいと思い、それらの機会は自分が子どもたちを養子縁組しなかったら叶えられないと考えるかもしれない。

　生まれた国から子どもを「救い出す」とか、裕福な国の人が貧しい国出身の子どもを養子に迎える、というようなニュアンスがどういう意味をもつか、よく知っておいてほしい。あなたの子どもは彼らの国とその人々にアイデンティティをもつだろう。もし彼らがその国について「悪い」印象をもっているのなら、自尊感情や自己肯定感を高められないだろう。子どもが自らの民族性や文化性、あるいは語学上のバックグラウンドを出来るだけ失わないように、サポート力を高めていけるように努めよう。

　ライフストーリーワークを通して、あなたは、子どもが健全なアイデンティティの感覚を身につけ、彼らの文化や個人の歴史をパーソナリティ全体に統合できるよう、援助することが出来るのである。

グループで使ってみる

家族で使ってみる

　1つの家族に1人以上の子どもが社会的養護のもとで暮らす場合、ライフストーリーブックを一緒に作ることが可能である。しかし、子どもがそれぞれのブックを持っていることが重要だ。私たちは、家族単位のグループワークの方が1対1の場合よりも進み具合が早いことに気づいた。もちろん、進み具合は家族のなかの子どもの年齢にもよる。年長の子どもに対しては、次に示すような思春期の子どもを対象とするグループワークの修正版を用いることも考えてみるとよいだろう。

　通常は、最年長の子どもが過去から現在へのつながりを皆に教えてくれる。この子どもは、家族の「歴史家」となり、現在や過去の出来事について理解する際や、あなたが家族をサポートするとき助けてくれるだろう。この過程で、この年長の子どもは、自分自身の知識や理解を深めることが出来る。また、きょうだいにどのように物事を理解したらよいか説明することも出来る。これは、家族外の人に説明するよりは危険性が低いと言える。

　きょうだいが一緒にこのワークを行う際には、性的虐待を打ち明ける可能性があることを心に留めておく必要がある。すでにきょうだいの1人が打ち明けている場合でも、ここでの話し合いによって、ほかのきょうだいが刺激されることがあるかもしれない。また、年下のきょうだいが虐待について打ち明けていたとしても、年長のきょうだいはそれまで沈黙を守るように

圧力をかけられてきた可能性が高く、虐待を否定する場合もあることを覚えておくことが重要だ。このような場合には、家族でのグループワークのまえに個人的なセッションを行う方がよいかもしれない。

きょうだいグループワークの場合には、年長の子どもに、なぜ家族のもとから引き離されたのか尋ねることがある。

マリー　14歳で4人きょうだいのなかで年長のマリーは、彼女を含むきょうだいが生まれた家族から離れて生活することになったのは、自分が「悪いふるまい」をしたからだと感じていた。彼女がそのことを打ち明けると、弟や妹たちもマリーと同様に、自分たちのせいで家族と離れてしまったと感じているという事実がわかった。このことによって、彼らきょうだいは、お互いに助け合って母親の精神疾患について理解しようとした。彼らきょうだいは、今里親と生活しているのには理由があり、また母親の精神疾患は、きょうだいたちがコントロールできることではないのだから、誰も責めなくてもよいし、きょうだいたちも責められる必要はないということを理解した。

思春期の子どもに対するグループワーク

ここまでに、家族でのグループワークがいかにライフストーリーブックの作成を助けてくれるかということについて説明した。血縁関係のない子どもを集めたグループも効果的なことがある。

長期間社会的養護のもとで暮らす12歳以上の子どもは、自分の過去について語ることを嫌がったり、現状について混乱していたり、未来への期待感が低いことがある。私たちは、経験を共有する子ども同士が、現在や未来についての展望を似たような苦しい状況を経験した他者と共有することは、手助けになったり、元気づけることにつながることを発見した。グループでの準備作業は、多くの子どもが感じる疎外感を軽減したり、似たような感情を共有することを円滑にすることが出来る。

社会的養護のもとで暮らす子どもの多くは、自分の家族だけが異常だと考えており、ほかの家族も似たような状況であることは彼らにとって意外な新事実になる。このようなある子ども5人のグループでは、今まで一度も父親に会ったことがなかったり、長期間会ったことがないのは自分1人だけではなく、父親が複数存在する家族で異父きょうだいがいることを発見した。子どもが自分の家族を「普通」という文脈に位置づけられるようになるためには、どんなに大人が安心させようとするよりも、子どもたちが過去のことを話し合ったり、分かち合ったりする方がよいと、私たちは感じている。

過去・現在・未来を話し合うことに対する自然な拒絶反応を乗り越えるために、大まかに3

段階に分かれたミーティングプログラムを行っている（8回の中核となるミーティングと、数回のフォローアップミーティングを行う）。最初の段階では、若者が自分についての意識を高めるために内面の考えや感情について表現する。また社会的養護のもとで暮らす子どもに用意された、里親以外の選択肢にも目を向ける。ライフストーリーブックの作成方法についてはこの段階の中間で話し合いの題材として紹介され、第2段階ではブックを個別に作成する。

　第3段階で、生まれた家族に戻るか、里親家庭への移動の時期が近づいてくると「橋を架ける作業」（8章参照）を部分的にグループで行う。まれに、すでにライフストーリーブックを作成し、「橋を架ける作業」にも成功した子どもの援助を得られることがある。これは、希望や恐怖心に対する議論を劇的に促進してくれると同時に、現実感覚を注入してくれるだろう。

グループ作りとグループでの実施

　グループメンバーは注意深く選ばれなくてはならない。1つのグループには1人ぐらい、まれにそれ以上のグループを邪魔するメンバーが含まれる可能性がある。すべての里親、ソーシャルワーカーや施設ソーシャルワーカーは、子どもがライフストーリーブックに参加するために連れ出されることを事前に同意しておかなければならない。これらの子どもにかかわる者が集まるミーティングを用意し、何が行われるかを説明したり、予想できる退行行動について議論しておく。

　通常は、6人の子どもと2～3人のリーダーでグループワークを実施する。初期のグループワークは、軽食を取る時間を含めて1時間半のセッションを毎週1回、合計8回実施する。毎週のグループワーク後には、リーダーによる計画と記録についての2時間の会議が行われる。3セッション目で初めてライフストーリーブックについての紹介をする。

　このグループの目的は、子どもたちのもつ疑念や恐怖について自由に話が出来る雰囲気を提供することにある。もちろん、ここでも前述した守秘義務は適用される。グループワークに関する私たちのアイデアの多くは、主にバイオレット・オークランダー（Violet Oaklander）の『子どもたちへの窓』（*Windows to our Children*）という本から得た。皆さんにも、ワークの予習としてこの本を読むことをお勧めする。あなた自身のニーズを満たすためには、この本に書かれているほかのアイデアを私たちがここで紹介したグループワークに追加する必要があるかもしれない。

　時期や期間が許せば、通常のセッションに加えて、グループ結成の早い段階で外出の機会をもつことが有効かもしれない。

グループワークのプログラム

セッション1

この第1回目のミーティングのまえにリーダーの1人がそれぞれの子どもを訪問し、何が行われるか個別に説明する。

このセッションでは、まず、このグループの目的についての説明とメンバーの自己紹介からはじめる。そのあと、全員参加でいくつかの「準備体操的なワーク」（'warm up' exercise）を行う。たとえば、円になって座って自分の名前を言いながらボールを投げ、次に投げる相手の名前を言いながら全員の名前を呼ぶまで続ける。

次に「市場へ行ってりんごを買いました」ゲームをする。次の人はこのフレーズを繰りかえし、「りんご」のあと、アルファベット順に物の名前を足していく。たとえば「市場へ行ってリンゴ（Apples）とバナナ（Bananas）を買いました」というと、次の人は、「市場へ行ってリンゴとバナナとカリフラワー（Cauliflowers）を買いました」という具合にアルファベットの順に加えていくのだ。

そのあとに、「ブレーンストーミング」の手法を用いる。このワークでは、イーゼルにフリップチャートを立てている。フリップチャートに書かれているトピックに対して、子どもが自分の意見を発表する。口述ではなく、文章にできる子どもにはそうさせる。1回のセッションで2、3のトピックに関して話し合う。まず最初のブレーンストーミングのトピックは「なぜ私たちはここにいるのか？」である。ここで出た意見は議論の題材として用い、そのあとはセッションを、軽食休憩を取りながら継続する。

次に、先述（6章）したような「感情」についてのブレーンストーミングセッションを行う。この活動の目的は、感情を表す言葉の概念を紹介することである。子どもに悲しい・幸せ・怒りなどの感情の意味を発表してもらう。これらの言葉を個人のカードに書き込んでいく。次にリーダーほか全員でその感情に合致する顔の絵を描く。続いて、それぞれがこの感情をまねるゲームをする。

最後に「家族とは何か？」というブレーンストーミングのセッションをする。そのあと、ここで出された、家族を構成する要素についてのアイデアを議論に使う。この段階では、ペースを強要したり、嫌がる方向にリードしたりしないことを覚えておこう。

グループでのゲームでセッションを終了する。「市場へ行きました」ゲームを繰り返して行ってもよいだろう。

セッション2

このセッションは独自の「市場へ行きました」ゲームでセッションを開始する。グループで

11 グループで使ってみる

先週出た正しい順番を思い出す。先週ものまねをした「感情」カードのワークに戻って、グループで顔の特徴から感情を当ててもらう。これらの「感情」をカードに書き込む。

適当であれば、この時点か最初のブレーンストーミングのあとに軽食を取ってもよい。

ブレーンストーミングのトピックは「なぜ子どもが社会的養護を受けることになったか」についてである。これについて話し合うことは子どもたちにとってとても怖いことかもしれない。そのため、あなたは男の子か女の子をカードに書いて名前をつけ、「なぜアンドリュー（Andrew）、もしくはジェイド（Jade）が社会的養護を受けることになったのか」について話す。そのあと時間をかけて、アンドリューがどう感じたかについての話し合いに移る。まえに使った「感情」の言葉を使うことを勧める。

バイオレット・オークランダーの「ファンタジートリップ」の手法を使うことも出来る。ワークそのものをはじめるまえにリラックスするためのエクササイズをすることが役に立つ。たとえば：

> 目を閉じて。まず足の先を緊張させることからはじめましょう。だんだんと体も動かしていきましょう。それぞれの筋肉を緊張させましょう。足、すね、太ももやほかの場所も、頭もまっすぐに上げましょう。それではすべての緊張を解きましょう。潮が引くような感覚を感じてください。

それから全員に目を閉じるように伝え、「ファンタジートリップ」に連れ出す（このあとは絵を描くセッションに進むので、紙や色鉛筆などを用意する）。

> 私たちは島にいます。島中を歩いて回ります。色んなものに注意を払ってみましょう。花の色、鳥、動物、木になっているフルーツ、音や香り。突然、道が開けるとそこには大きなお城がありました。中庭に入っていきます。そこを横切っていくと、大きなホールに出ます。あなたは階段があることに気づきます。階段を上ります。階段の上には長い廊下があります。廊下に沿って歩くと、ドアに名前が書かれていることに気づきます。あなたの名前が書かれているドアの前で止まります。部屋に入ります。よく見渡して目を開けましょう。

ここで、誰も言葉を発せずに、部屋で見たものを絵に描いてみるように言う。リーダーも一緒に描いてみてもよいだろう。

絵が用意できたら皆で見てみる。子どもたちに自分の言葉で絵の説明をしてもらう。そこで解釈を返さないようにする。代わりに、もし子どもが長イスを描いていたら、長イスが何を考えているのか、何を感じているのか聞いてみる。「何と言っているでしょう？」と。通常、子

どものコメントを絵に書き込む。適切ならば「感情」の言葉を使うことを奨励する。

バイオレット・オークランダーは、子どもが自分の感情を他者と共有することを奨励することが重要であると考えている。彼女は、「細部をクリアにし、明らかにすることや、形、外観、意図、表現、対象物や人物を描くこと、絵の一部分について詳細に述べること」が子どもが自分を発見する手段ととらえている。

このセッションの終了時には、「寝ているライオン」などの静かなゲームをしてもよいだろう。全員で寝ているライオンのまねをして床に寝そべる。誰にも触れず、顔を動かしたり、ほかのメンバーを動かすふりや寝ている上をジャンプするふりをする。そのとき、音をたてたり、動いてしまったら、寝ているライオンではなくなるので、その人はゲームオーバーである。

セッション3

もう一度、「市場へ行きました」のゲームからはじめるとよいだろう。「児童養護施設とは何でしょう？」についてのブレーンストーミングと、それに続くディスカッションをする。「ジェイド／アンドリューが初めて家を離れた日はどんな気持ちだったか？」についてのブレーンストーミングをする。その後、子どもが異なる役割を演じるロールプレイをして、アンドリューが家を離れるということについて考えてみる。食事休憩のあとも議論を続ける。

バイオレット・オークランダーのもう1種類のファンタジー・トリップを導入してもよいだろう。

　　　目を閉じます。自分がバラになったと想像してください。どんな種類のバラになりましたか？　小さいバラですか？　それとも大きいバラですか？　ずんぐりしたバラですか？　背は高いですか？　花は咲いていますか？　もし咲いているとしたら、どんな花ですか？　茎や枝はどんな感じですか？　根っこはどうでしょう？　葉っぱはついていますか？　とげはありますか？　どこに生えていますか？　庭ですか？　それとも公園？　砂漠？　都会？田舎？　海の真ん中ですか？

　　　あなたは、植木鉢に生えていますか？　それとも地面ですか？　セメントの隙間から出てきていますか、それとも何かのなかに生えているのでしょうか？　周りには何がありますか？　ほかにも花が咲いていますか、それともあなた1人だけですか？　木や動物、人、鳥はいますか？

　　　あなたはバラの木らしく見えますか？　それとも何かほかのものでしょうか？　フェンスのような物が周りにありますか？　もしあるなら、どのような物でしょう？　それとも周囲はオープンスペースのような場所ですか？

バラの木になるのはどんな感じですか？ どのように生き延びますか？ 誰か世話をしてくれる人はいますか？

今あなたのいる所はどんな天気ですか？

では目を開けて。自分自身をバラに見立てて描いてみましょう。

1人1人に絵の中身について話してくれるように働きかけてみる。バラの木の考えや気持ちを絵のなかに書き込んでみる。しかし、絵についての解釈はしない。

ここでライフストーリーワークの考え方について教えるときが来る。まず、ライフストーリーブックとは何か？ という問いについてのブレーンストーミングをする。あるグループがフリップチャートに書いた内容は、上のフリップのとおりである。

> **ライフストーリーブックとは何か？**
> - あなたが読むもの
> - 私が好きでないもの
> - 写真を貼るもの
> - 鳥と蜂
> - 楽しむもの
> - とても嫌なもの
> - 伝記
> - もし話さなければ気まずくなるもの
> - あなたが書くもの

このフリップチャートに書かれた内容を、ライフストーリーブックが痛みを伴うことを知らせ、それを受け入れるためのディスカッションに使う。メンバーそれぞれにライフストーリーブックをどのように作成していくかということについて導入する。静かにできるゲームをしてセッションを終了する。

この作業の目的は、グループワークの全体像をメンバーで共有し、あなたがどのように素材を使ってきたのかについて、また、相互のサポートについて話し合うことである。ミーティングは、子どもが退行のサインをみせているときにとくに重要になってくる。

セッション4

簡単なゲームから開始する。ここからはワークはより自由な構成で行うことが出来る。ときには人形の箱と指人形を持って行き、子どもがやる気になるのを待つ。しばしば、人形と指人形の間で感情や考えについて会話をさせる。人形や指人形が「言ったこと」をもとにしてロールプレイに入ってもよいかもしれない。

ほかのアクティビティとしては、次のようなものがある。リーダーが大きなカードに姿を描く。そして「この赤い丸のなかにいるのは私1人です」と言い、書き込む。次にほかの子どもが自分の姿とコメントを描き込む（もしそのグループ内に書くことが困難な子どもがいれば、リーダーがすべてのコメントを書き込んであげよう）。全員が最低2つ以上のコメントを言うまで

続ける。

それではワークの流れにのって、以下のブレーンストーミングをはじめよう。

家族とは何？ 児童養護施設とは何？ 里親とは？ 場合によっては、以前行った児童養護施設のブレーンストーミングなどに戻ってみてもよいだろう。グループの認識は時間とともに変化する。

子どもに自分の気持ちを表してもらう。仮に否定的な感情であったとしても、説得して変えさせてはいけない。守秘義務についての懸念が示されることが多いのだが、グループに対して再度保証して安心させよう。ここから「あなたが信用している人」というトピックでブレーンストーミングしてもよいだろう。

もしこのセッションの間に時間があれば、ヴェラ・ファールバーグ（Vera Fahlberg）の3組の親モデル（8章参照）を用いて、社会的養護のもとで暮らすことによって、生みの親の権利がどう変化したのか議論する。そして生まれながらにして授けられたものが奪われないということや里親の立場を説明して子どもを安心させる。

セッション5

「市場へ行きました」からセッションを開始し、続いて「マーベルはまたやってしまいました」などのグループゲームを行う。このゲームでは、プレーヤーは円になって立ち、その真ん中に1人だけが立つ。そして1人のメンバーが円のなかにジャンプして、「マーベルはまたやってしまいました。（たとえば）家賃を5週間も払っていません」と言う。1番目の人は、「なぜ

私のなかにしこりがある
私のなかにはしこりがある
しこりはほぐれない
強い
それは、まるで私のなかにずっと
石を置いていたように傷つける
私はいつも昔のことを覚えている
あずまやで遊んだこと
祖母の家に行ったこと
祖母の家に泊まったこと
私はそれらの日々が戻ってきてほしい
たぶん、戻ってきたときに
しこりはほぐれるだろう
でも、私のなかにしこりがある
とても強い
それは、まるで私のなかに
石があるように傷つける

私は飛びたい
飛びたいけど、飛べない
そんなつもりはなかったけど
そうしたい
私はなるべくして私になった

なぜ？
なぜかわからないけど
私が鳥だったらよかったのに
飛んで自由になれるのに
まるで刑務所に入れられたみたいだ

どのみち、私は他の誰にも
変えたり作り変えたりできない
それでも私は願う

マーベルがまたそれをしてしまったのか」を説明するか、やってしまったことを認めて円に戻る。もしマーベルが出て行ってしまったら、告発した人が新たなマーベルになる。ほかの人が「マーベルはまた……をしてしまいました」と言いゲームを継続する。このゲームは、皆が発表し終えるか、興味が薄れるまで続ける。その後、全員で軽食休憩をとる。

　休憩のあと、バイオレット・オークランダーの推薦する詩を使う。これは8歳のトルコ人の女の子が描いたものを翻訳したものである。グループの皆が座って目を閉じている所でこの詩を声に出して読む（この詩は大きな反応を生むかもしれないので、グループの状態を見てこの詩を使ってよいか判断する）。

里親委託の長所と短所	
長所	短所
● 行く場所、住み家になる	● 失敗
● 生活が向上する	● 人生を台無しにする
● 彼らのことが好き	● 時間の無駄
● 実家よりまし	● 自分の家ではない

　それからみんなで絵を描いて、リーダーはそれぞれの子どもとその絵について話す。13歳の女の子が描いた詩を使うこともある。

　セッション3に登場したアンドリューとジェイドの絆について描くことを提案してみる。これはアンドリューとジェイドが児童養護施設についてどう感じているか、他児に伝える機会になるかもしれない。

　この段階では、グループのメンバーがどのような問題について話したいと思っているか敏感に察知する必要がある。たとえば、年長のメンバーが里親委託の失敗を経験しており、そのことについて話したいと思っているかもしれない。里親委託の長所と短所をブレーンストーミングしてみると、上のフリップのようになった。

　このセッションの終わりには、静かでリラックスできるゲームをする。

セッション6

　ゲームからはじめる。なぐり書きゲーム（バイオレット・オークランダーのワークからの引用）でもよいだろう。間隔をあけて全員が立つ。目を閉じて、大きな紙になぐり書きをする振りをする。次に、紙とペンを渡されて、目を閉じたまま紙に画を描く。目を開け、何を書いたか特定する。

　ここからは、自分が笑われた瞬間の絵を描く。もしそれが怖い場合は、ジェイドとアンドリューが笑われたときの絵を描く。代替案としては、全員で座り、目を閉じて、嵐のなかのボートという別のファンタジートリップをしてもよいだろう。何が見えたかを発表する。その

後、全員で軽食休憩にする。

　家、車、猫、犬、鷲、服の品目などの絵が描かれたカードを使う。カードをテーブルに置いて、それについてコメントする。たとえば、ある人が「これは街のなかの一軒家です」と言い、次の人はそれに何か付け加える。たとえば、「ダイナマイトが爆発して家が吹き飛びました」などである。あるグループでは、誰かが猫の絵を置き、「ライオンが来たので吠えはじめました」と付け足した。これは、グループのメンバーに笑われて、ものまねをするときの議論になった。

　次に、「どうしたら里親家庭を探せるのか？」というトピックについてブレーンストーミングする。

　このトピックについて話し合う際に、年長の子どもには代替家族を探す難しさについて説明しておく。この話し合いはブレーンストーミング前に行い、代替家族や里親家庭を探す方法についてのセッションにつなげる。

　この段階で、ソーシャルワーカーと個別に面接を行い、ライフストーリーブックを作成する。私たちは進捗状況をみて、委託先を考える際にそれを参考にすることもある。

　ここではロールプレイを用いてもよいだろう。

　　　里親家族が面接を受けている。
　　　アンドリューとジェイドが新しい里親家庭を初めて訪問する。
　　　アンドリューの喫煙が見つかったり、ジェイドが万引きで補導されたりといった問題が発生する。

　ロールプレイをたびたび止めて、役を変えていく。その役になることで自分が「どう感じるか」について発言するよう促す。ロールプレイを止めて、グループで子ども自身や、ソーシャルワーカーや里親の心の声を発言するよう誘う。「3組の親」についての理解をより完全なものにするために、以前行ったキャンドルの技法を使うこともある。

セッション7

　このセッションを、措置変更を経験した年長の子どもに対して、いかにライフストーリーブックが有効であるか説明するために使う。作成の準備を手助けすることに時間を割き、子どもを安心させる必要がある。セッションの終わりには、里親を含めて議論をしてもよいだろう。その子どもが里親委託の崩壊を経験していた場合は、しばしばセッションを妨害して自分の経験談を話したり、比較することがある。

ジェイソン　　ジェイソンは、彼のストーリーを話してくれた。彼が自分の生みの母親に初めて会った部分を話したとき、「どんなだった？」「泣いた？」「お母さ

んは泣いた？」「キスをした？」といった質問攻めにあった。ジェイソンの答えはみなを啞然とさせた。彼は、「何も感じなかった。それは道端にいる誰でもよかった。何も感じなかったんだ」と答えたのである。

1人の子どもがジェイソンにどんなお母さんだと想像していたかと聞いた。彼は、「背が高くてお金持ち」と皮肉をこめて答えた。もちろんこれは、誰もが想像上の人物を思い描いているという極端な例である。

このセッションを生みの親に関する感情を話し合うときに頻繁に使う。グループが楽観的な考えを捨て過去を形にする際に、いかにライフストーリーブックが役立つかという点を理解する。

セッション8

これは初期段階における最終のセッションになるため、メンバーが感じるであろう喪失感に対して手立てを打っておく必要がある。前回までのセッションに関する話からはじめる。前回までの話のなかから覚えていることを描いてもらい、それを題材として用いる。

全員で軽食を取り、今回は記念に特別なごちそうを出してもよいだろう。「このグループは何の集まりだったのか？」「ほかの子どもが参加する次のグループには何が必要か？」などについてブレーンストーミングを行う。次に、メンバーがお互いにカードを書き合うという静かなセッションをもつ。「今、何を感じているか？」についてブレーンストーミングをして終わる。

このセッション後に、6週間おきに少なくとも2回のフォローアップミーティングを行う必要がある。解散するまえに、そのことについても触れておく。

次のミーティングまでに、それぞれの子どものソーシャルワーカーと会い、ライフストーリーブックの作成状況やグループの大まかな特徴について話し合っておく。

セッション9

グループワーク本体が終わってから6週間後にミーティングをアレンジする。もしこの間に代替家族が決まった子どもがいたら、「橋を架ける作業」に集中する。6週間の休止期間中に一度はリーダーから連絡を取るようにする。ミーティングの1週間前には日時の再確認とライフストーリーブックの持参を提案する内容の手紙を送る。

このセッションは、今までのセッションで何をしたかに沿って、ゆるやかな構成で実施する。多くの子どもがグループ内で自分のライフストーリーブックを共有する用意があることを発見した。そのため、ディスカッション中に、ブックを作成しているときの気持ちについて引き合いに出せる。

代替家族に対する期待感を招くことは避けられない。とくに年長児の委託先が未定の場合には、グループはこの事実を直視し、彼らが抱える失望感やフラストレーションについて話す手

助けをする必要がある。

次のミーティングまでの6週間にそれぞれの子どものソーシャルワーカーとさらにミーティングを重ねる。

セッション10

このセッションの目的は、グループミーティングを通じて培った自分の希望・恐れ・痛みについて語るスキルを高めることにある。このミーティングでは、自分の人生で何が起こったか、今現在何が起こっているかを集中的に教える。もし現段階で措置されている子どもがいる場合は、その経験について触れるとよいかもしれない。『里親への挑戦』（Challenge of Fostering）の題材を用いて、里親委託されることがその子にどのような影響を与えるかについての気づきを得られるようにする。里親が直面する変化について、集中して教える。子どもは往々にして、里親も子どもに適応しなくてはならないという事実を理解していない。

今後も、相互のサポートのために規則的にミーティングを行うことが理想的である。ミーティングの合間には、それぞれの子どもの里親とさらなる議論を重ねる必要がある。

12

障害のある子どもたちとのワーク

アン・アトウェル（Ann Atwell）

　障害のある子どもも、ほかの子どもと同じ「子ども」のニードをもっており、これは、自分の生い立ちについて正確な説明をしてほしいというニードがあることを意味する。

　障害のある子どもとのライフストーリーワークにかかわることを渋る気持ちが生じる可能性があるので、こうした子どもたちとかかわる人は、自分自身の気持ちをきちんと見つめる必要がある。もっとも一般的な理由の1つは、ソーシャルワーカー自身が知的障害（学習障害など発達障害を含む：訳者注）についてとても不安な気持ちをもっていて、結果として関係をもつことを避けるということである。このことに気づいたうえで、それを受け入れて障害のある人とワークをしないようにするのか、それとも困難を克服するため、新たなトレーニングを受けるようにするのか、このどちらかを選ぶことがとても重要である。この仕事に取り組む際の第2の問題は、そのワーカーが障害のある人とコミュニケーションをとるのが困難になった場合に、その障害がある人がどのようにすればもっとも容易にコミュニケーションを取れるかについて、学ぶ時間を取ることが出来なかったり、時間を取ろうとしないことである。3つめには、ワーカーは障害のある子どもに、ともすると過保護になるので、困らせたり傷つけたりする可能性のある作業を避けてしまうことである。第4には、その子ども独特の知覚の仕方を敏感にとらえて、その子どもにとって心地よい仕方で活用する必要があることである（『どの子も特別』

Every Child is Special, BAAF, 2006 参照）。

　ライフストーリーワークのもう1つの障壁は、障害のある子どもを積極的に引き受ける家族は見つからないだろうという思い込みが続いていることである。その場合、家族が見つかるまで重大なワークを延期することになり、障害のある子どもは、新しい家族に移るまで、子どもの生活の歴史を内在化させたり、実の家族を失ったことを嘆き悲しむ場所や時間をもてないのである。

どのようにしてコミュニケーションは起こるのか？

　ライフストーリーワークが行われないもっとも一般的な理由の1つは、子どもたちの知的障害は非常に重いので、ワークが要領を得ないのではないかと考えられているためである。しかし、13歳のフィオナの例をあげてみよう。

フィオナ　フィオナには、身体障害と同時に重い知的障害があった。彼女は3歳児ぐらいの体格をしていたが、胎児の姿勢になってベッドの端に座り、自分がその下に隠れるためのベッドカバーだけを残し、すべての服を脱いで、ほとんどの時間をベッドの上で裸になって過ごしていた。髪の毛は手で握って引っ張って抜いてしまうため、わずかしか残っていなかった。つまんだり嚙んだりする自傷行為によって彼女の皮膚は出血し、傷跡があった。しばしばかんしゃくを起こして叫び出し、常に頭を打ち付けていた。彼女は歩くことも話すことも出来ず、スタッフが近づいて彼女を抱こうとすると、抵抗した。彼女がどれだけ理解しているかはっきりしないため、彼女を里親家庭に移す計画について話すだけでなく、家族がどこにいるのか、そしてなぜ彼女は病院にいるのか、について話しかけることが唯一行われたライフストーリーワークであった。いつものかんしゃく以外の反応はフィオナから得られなかった。

　里親宅に行くと、フィオナは外界を理解し、自分の望みを伝える力をいくらか見せるようになった。たとえば、家族でフィオナが以前住んでいた近くの町まで車で出かけると、彼女は町外れからその町を認識し、興奮したり、落ち込んだりした。この反応は常に起きたので、ただの偶然として忘れてしまうことは出来なかった。彼女はまた、車で旅行に出かけると頻繁にかんしゃくを起こしたが、しばらくすると落ち着いた。やがて、里父はフィオナのかんしゃくは、彼にシートベルトを締めることを思い出させるフィオナ流のやり方なのではないかと考えるようになった。彼は普段、家を出て最初の角を曲がる辺り（約50ヤード）まで、シートベルトを着けないのである。その里父の考えは正しかった。里父が「シートベルトを着ける」と、フィオナはいつものかんしゃくを起こさなかった。こうした状況は、どちらもそれまでは「フィオナはただかんしゃくを起こしているだけだ」とみなされていたものが、熱心に観察することによって、彼女はコミュニケーションをとっていたのだと気づかされたのである。フィオナの話から得られる基本的な教訓の1

つは、重い知的障害のある人はコミュニケーションする能力がないとみなしてしまうのではなく、真に問われるべきものは、どのようにコミュニケーションが行われているかを理解する私たちの能力なのだ、ということである。

　ライフストーリーワークをどこからはじめるかはしばしば問題点にされるが、基本的にその子どもを理解することが重要で、そしてそのことでワークをどこからどのようにはじめるかが決まるだろう。たとえば、ある子どもが多動で集中力に問題があるとしたら、座って字を書いたり絵を描いたりするやり方はとくに難しいので、おそらく従来のライフストーリーワークのやり方を試みてもうまくいかないだろう。

ジョン　ジョンは、ブックを作る代わりに彼が育った地域の辺りへ何度も足を運び、家族の家や地域のお店、公園などを訪れてすべての事柄をビデオに撮ることに、重きをおくような子どもだった。ジョンは普段ほとんどテレビを見なかったが、彼は自身が見覚えのある人や場所と一緒に映っているビデオを見ることに夢中になり、この映像を何度も何度も観て、彼の話に耳を傾けてくれる人すべてに、その映像がどんなもので、どこで撮影されたものかを話した。実際に重要な人や場所を訪れてビデオに録画するといった方法は、ジョンが理解しやすく、取り組みやすいライフストーリーを作り出すために組み合わされたものである。

　コンピュータを使ってライフストーリーワークをすることは、話すことや聞くことに困難がある子どもにとくに役に立つだろう。このことは15章と16章に述べられており、2つの補助教材、つまり、対話型CD-ROMである『マイライフストーリー』(*My Life Story*)と、コンピュータプログラムである『インマイシューズ』(*In My Shoes*)が提供されている。

誰がライフストーリーワークをすべきか？

　障害のある子どもとどのようにライフストーリーワークに取り組むかを決定するとき、誰がこの作業をするのがもっともよいのかを考えることも重要である。子どもを理解することが出来、コミュニケーションが取れることが重要なので、この作業はその子どものソーシャルワーカーが行うものだと考えるよりは、その子どもともっともコミュニケーションがとれている人によって行われるべきなのである。たとえば、施設のケアワーカーは、子どもにとってもっとも信頼されている重要な大人かもしれない。入所前に長期間を家庭で過ごしたことのある子どもたちにとっては、その子のライフストーリーワークにとって家庭での思い出がきわめて重要である。たとえば、彼らはライフストーリーのビデオや本に入れる事柄を、家庭での生活の事柄から取り入れることが可能かもしれない。ときには、彼らにとって思い入れがあって話した

くなるような玩具や家庭の装飾品、かつて特別気に入っていたもの、もしくは、テレビ番組のテーマ曲のような音楽が、彼らの家族にとって特別な意味をもっているかもしれない。このような記憶が引き出されるようなものを組み入れることによって、子どもたちの注意を持続させ、関係が作りやすくなる。

さ まざまな方法を使う

　会話によるコミュニケーションが難しかったり、あるいは1つまたはそれ以上の感覚をうまく使えないといった問題がある子どもにとって、視覚的な方法に頼らずほかの感覚刺激を利用することで、ライフストーリーワークを進めることが出来るだろう。

アーロン　盲目のアーロンに対しては、ライフストーリーワークの多くは、触覚刺激を中心に取り組んでいる。たとえば、彼が気に入っている人のジャケットのボタン、家族と外出したときに手に入れた海辺の貝殻、庭のドライフラワーなどである。母親のお気に入りの香水を振りかけたハンカチもその1つである。

　アーロンのような子どもに対しては、ライフストーリーの視覚的な方法より、音響機器を使用することもより助けになる。彼の書いたストーリーは、テープにも録音された。この方法によって、両親は、子どもに向けて書く従来の手紙のようなものでは伝えられない、実の両親からの口頭のメッセージを伝えることが可能になるのである。これを行うかどうかは、その時点で、両親をこの方法に参加させるのがふさわしいかによるだろう。このようなやり方に、ビデオストーリーのように生みの親に積極的に参加してもらうことは、可能である。子どもにとって、両親やほかの家族メンバーの声を聞いたり顔を見たりすること以上に大きな刺激があるだろうか。そのようなワークは、生みの両親からの協力を必要とする。家族が子どもを手放すときに辛い思いをしてきた場合には、このワークが子どもの将来の一部に家族が建設的にかかわる助けになる。

　重度の知的障害があり、数年間施設に入っている子に対してのライフストーリーワークを考えるときの難しさの1つは、子どもは「普通の家庭での生活」について全く理解していないか、ほんの少ししか理解していないということである。このような子どもに対して、新しい家族へ移る計画を実施するために、「家族」の概念を理解しやすくするような、ライフストーリーワークの方法を見つけることがまず第一にたいせつである。

ダレン　ダレンのいくつかのワークは、ダンボールの飛び出す家と、人の形に切り取って家族のメンバーや施設の職員や子どもたちの実際の写真の顔を貼り付けたも

のを用いた。ダレンに家庭には誰がいるのかがわかるようにいくつかのワークが行われた。ダレンの母親ときょうだいは彼にとって重要な人であり、彼の新しい家庭での定期的な接触が続いていたので、新しい家族を表す、飛び出す家を作った。そして家族の切り抜きが家族の飛び出す家に加えられた。そうすると、ダレンに彼の実の母ときょうだいが新しい家で過ごすこと、それと同じくダレンが施設から新しい家と新しい家族へ移ることを伝えるために、いくつかのセッションを行うことが出来た。

「客観的な三人称」の方法をライフストーリーワークに導入する際には、注意が必要である。というのは、ものごとのつながりが理解しにくいような知的障害のある子どもには、たとえば、パペット（指人形）や彼自身また彼女自身、あるいは動物を使ったたとえ話は、複雑すぎて混乱させる場合があるのである。固有名詞を直接使うか、出来るだけより簡単で子どもの能力に応じたワークにする方がよりよい場合がある。

軽度や中度の知的障害があるが、文章力や描画力がある子どもには、伝統的なライフストーリーブックの方が子どもの生い立ちを録音するよりも適切であると必ずしも考える必要はない。たとえば、ある子どもが文章力や描画力をもっていても、机に向かってこのような種類の作業をすることに興味がなく、コンピュータゲームで遊ぶほうがよいなら、子どもの興味を引き出す方法として、子どもの生い立ちをコンピュータを使って整理できる人に、作業をしてもらうようにすることも可能だろう。

要約
- このワークに取り組むことを恐れないこと
- 誰がこの作業を行うのに一番よいかを決めよう
- 子どものコミュニケーションの意味を理解しよう
- 子どもにどんなスキルや興味があるか特定しよう
- 子どものスキルや興味に配慮した方法を考えよう

13

性的虐待を受けてきた
子どもたちとのワーク

ゲリリン・スミス（Gerrilyn Smith）

　性的虐待を受けてきた子どもたちとライフストーリーワークをするために、これまでの章で述べてきた技法や課題のいくつかを適用していく。あなたが一緒にワークする子どもたちの中には性的虐待の事実によって、実の家族から分離されている者もいる。性的虐待を引き起こしたか、もしくは疑わしい者が家族のなかにいるにもかかわらず、その事実がまだ明らかにはされていない場合よりも、これら性的虐待が明らかである子どもたちと作業する方が、問題は少ないのである。

性的虐待を受けたことが判明している子どもたち

　性的虐待を受けたことが判明している子どもとワークをしているなら、ワークを行う人が虐待の事実を知っていることが重要である。このことでライフストーリーワークを行う際の多くの時間が節約できる。里親委託されているかあるいは施設入所している多くの子どもたちは、周りの人たちが自分たちについてどれだけ知っているかを知らない。子どもたちは過去の体験について語ることが安全かどうかがわからないかもしれない。ワークの早い段階で性的虐待の

話題を取り上げることによって、ワークを行う人はそのことを子どもたちと話していくのだというシグナルを送っているのである。ワークを行う人はまた、その子どもとほかの誰が性的虐待について話し合っているかを知りたいと思うだろう。もし、その子どもと虐待の体験について、今までほとんど取り扱われていないなら、ワークを行う人は初めに予想しているよりも長いワークを準備しておく必要がある。ライフストーリーワークはセラピーに置き換えられるものではない。ライフストーリーワークは作業中心で、子どもたちが受け止めることの出来る重要な過去の経験を記録するものであるべきである。今、ワークを行う人と話しておけば、あとからセラピーのなかで話しやすくなるだろう。ライフストーリーワークをしているうちに、年長の子どもに新たなワークを行う必要が出てくる場合があるかもしれない。

ワークを行う人がその子どもに性的虐待の体験について伝えるべきいくつかのたいせつなメッセージがある。

信じること

ワークを行う人が、そのことが起きたことを信じていると伝えることは重要である。ワークを行う人はまた、子どもたちにとって性的虐待について話すことがなぜ難しいのかを探求したいと思うだろうし、子どもたちが話したあとに、ときどき、虐待について今まで人に話していなかった事柄を思い出すことがあるかもしれないと伝えたくなるかもしれない。あなたはその子どもに思い出してもよいのだと知らせる必要がある。なぜ子どもたちのなかには忘れてしまいたいと思っていたり、そのことは起こったのに、起こらなかったのだと言う子がいるのか、話し合いたいと思うだろう。その子どもの家族と拡大家族を含めたメンバーの内から、その子どもを信じていた人とそうでなかった人のリストを作ることが出来るだろう。この作業は、なぜ子どもがもはや実の家族と暮らすことが出来ないのかを理解する助けになる。子どもたちの実の家族が性的虐待の事実を信じようとしなかったら、将来彼らがその子を守ることは不可能になるだろう。

正しいことと間違ったことを明確にする

ワークを行う人は、子どもの発達に合わせた、性的虐待にまつわる正しいことと間違ったことについていくらかのメッセージを伝えてみる必要がある。たとえば、「子どもが大人に話すことは正しい。大人が子どもに性的虐待を行うのは間違っている」というようなことである。これらは性的ないじめのサインをみせている子どもや、明らかにほかの子どもに対して性的加害行為を行っている子どもたちに与える重要なメッセージとなるだろう。ワークを行う人は、このような場合、子どもがほかの子どもに対して、なぜ性的加害をしてしまうかもしれな

いのかがわかっているということを示す必要がある。しかし、性的な被害の過去があったからといって、ほかの子どもたちに性的加害をしてもよいという口実にしてはいけない。

何が起きたのか？

　子どもたちが語ったとき、子どもの視点で何が起きたのか記録しておくことは有用である。子どもたちの母親は何と言って、何をしたのか？　父親は？　きょうだいは？　子どもは何が起きてほしかったかを記録することも助けになりうる。これは、何が起きたかを確認し記録するだけでなく、親と、将来親になっていくその子どもに対して、今後モデルになる対応を教えていることにもなる。

　もし、その子が社会的養護のもとにあり、加害者がまだ家庭にいるなら、その子は話したことで罰を受けているのだろうという強い気持ちをもつだろう。この状況は、不公平であるということを認めよう。大人が深刻な問題をもっていることを認めないために、子どもたちが家族を奪われるのは不公平なことである。あなたは子どもが接触を望む人物が誰であるか、そして、その接触は、どのような環境下で安全に実施可能になるかを明確にすることが出来る。この本のなかに見られるほかの多くの課題や示唆は、性的虐待を受けた子どもに使えるものである。今まで誰も子どもたちがされた虐待の意味について話していないのなら、子どもたちが表現する混乱に向き合う準備をしておく必要がある。

　性的虐待を受けてきた子どもたちは、加害者に対して、肯定的な感情と否定的な感情の両方をもっている場合がある。子どもたちにどんな感情があっても、それを受け止めよう。もし子どもたちが肯定的な感情をもっていなくても、それでよいのだ。同じく否定的な感情をもっていない子どもも間違っていないのである。その子どもが加害者やほかの家族メンバーをどのように感じているのかを、決めてかかるのはやめよう。今現在子どもたちが感じていることを把握して記録しておくことは、役に立つ。これは、将来になって子どもたちの心境が変化する可能性が残っているかもしれないからである。

　あなたが準備できていても、性的虐待を受けてきた子どもたちのなかには、ライフストーリーワークを行う準備が出来ていない子どももいるだろう。過去の虐待を思い出すことは彼らにとってトラウマが強すぎて、気分が悪くなるかもしれない。子どもたちはセッションの間、フラッシュバックを体験しているかもしれない。ワークを行う人は、とにかく子どものペースに合わせるべきである。もし子どもが、今の時点でその虐待についてそれ以上話が出来る感じがしないのがはっきりしていたら、あなたは子どもにそれでよいのだと知らせてあげるべきである。ワークを行う人は、子どもたちを将来育てていくであろうその大人が、性的虐待の事実を認めることがなぜ重要なのか、その子どもが理解できるように援助すべきである。「Xは父親からされたくないやり方で触られた。彼女は今そのことについて話せる気分ではないが、恐ら

く将来的には話せるようになるだろう」というように記録しておけば十分だろう。

　ワークを行う人はまた、自分の信条や、起こった性的虐待をとりまく倫理的問題についての、自分の見解を示す話をすることが出来るだろう。ワークを行う人は、子どもがどのようなことが起きて欲しかったと思っているか、推測できる。

　もしワークを行う人が性的虐待の遠まわしな表現を使うのなら、その子が使っている表現かあるいは安心感のもてるものを選ぼう。起きたことについて、露骨で詳細な説明は必要ない。ライフストーリーブックは子どもにプライベートなことと公的なことの違いを教える助けになる。ブックは、公的に使われるものであるから、ブックのなかで登場する題材は、プライベートな体験に含まれている公的な事柄をはっきりさせる必要がある。私がセラピーでみている多くの子どもたちは、初期のセッションに、自分自身を私に紹介する方法としてライフストーリーブックを持ってくる。

明らかにされていない性的虐待

　子どもが性的虐待を明らかにしていないが疑わしいとき、ワークを行う人は、その子どもに対して、彼らやほかの専門家がその子どもが性的虐待を受けていることを心配しているとそれとなく伝えたいと思うだろう。このことをするまえに、ワークを行う人はその子どもが安全だと確信し（たとえば、現在は虐待されていない）、はっきりとした開示という事態があったとき、機関が取れる方法は何なのかを知る必要がある。もし、初期介入チーム（primary investigation team）による調査が必要になったら、ワークを行う人は子どもに、次に何が起きるか、そしてなぜ詳しく調べる必要があるのかを伝える必要があるだろう。もし子どもが実の家族のなかでの虐待を開示して、子どもが現在はどこか別の所に住んでいるが実の家族とまだ接触をもっているとき、ワークを行う人は、この先の接触をどのようにしていくかをよく考えなければならない。より詳細な評価がなされるまでは、接触の中断を考える方が適切かもしれない。

　もし子どもが、現在の居所での虐待を開示したなら、これは初期介入チームによる調査が必要である。子どもが場所を移る必要があるときは、このことを子どもに説明することが重要である。

　ときに子どもは、性的虐待されていることについて一部のみを話すことがある。加害者を明らかにしないかもしれない。あなたはもち上がった事柄をワークに組み入れて、なぜ子どもが性的虐待をした人物を特定しにくいのか推測しながら、ライフストーリーワークを続けることが出来る。

まとめ

　ここに書いたことは、性的虐待を受けている子どもたちとライフストーリーワークをするなかで考えられる事柄の、ほんの短い概略である。子どもたちはライフストーリーワークをして

いる際に、新しい虐待体験を開示する。これはおそらく、ライフストーリーワークがセラピーやカウンセリングと異なった方法で、子どもたちが過去の体験を振り返るための場所を提供し、課題に焦点付けることで、子どもが性的虐待について話すことを可能にしているためである。

　もし、より多くのワークが必要であるということや、あるいはライフストーリーワークが子どもの正常な発達を妨げるようなトラウマティックな記憶を誘発しているということがはっきりしてきたなら、おそらくは治療機関への紹介を考えるべきであり、その子どもが過去の体験やそのことについて言及することによってトラウマを生じさせるよりは、現在の状態が情緒的に安定するまで、ライフストーリーワークは延期するべきである。ワークを行う人は、とりわけ子どもの保護の問題がもち上がってくるような新たな虐待情報の開示を扱う場合などは、子どもにかかわる機関の方針や手続きに、ライフストーリーワークがどう位置づけられているか熟知しておく必要がある。

そのほかの設定における
ライフストーリーワーク

　ライフストーリーワークが人生の過酷な時期に子どもと大人とのコミュニケーションを促進させ、助けになりうるという場合がいろいろある。モーリーン・ヒッチャム（Maureen Hitcham）とジーン・ラビ（Jean Lovie）とゲリリン・スミス（Gerrilyn Smith）は、ライフストーリーワークが効果的であると実証される3つのケースについて、それぞれ述べている。

命の危険がある病気にさらされた子どもとのライフストーリーワーク

モーリーン・ヒッチャム（Maureen Hitcham）

　小児がんと診断されることは、誰も望まず、予期しない、ショッキングなことである。近年、子どもの診断のほとんどが楽観視してよいとはいっても、治ることが保障されるわけではない。悲しい現実だが、多くの子どもが、ある種の精神的不安や、身体的な面や、学習面での不自由な思いに苦しむだろう。勇敢に病気や治療と戦う子どももいるが、そのなかには亡くなってしまう子どももいる。
　ライフストーリーブックとビデオによる記録は、このような子どもと家族が、命の危険にさらされる重圧や不安とともに生きているときに、引き起こされる強烈な感覚や情動を癒す手助けになる。

スティーブンの話

　私はマルコム・サージェント（Malcolm Sargent）のソーシャルワーカーとして働きはじめた初日に、スティーブンと会った。彼は、活発な性格とユーモアのセンスをもった、頭がよくていたずら好きな4歳児だったが、がんを患ってもいた。彼のための計画のなかには、ライフストーリーブックが含まれていた。私たちが出会って1カ月後、スティーブンの余命が短いという知らせをもって、両親の家に彼を連れて行った。私は彼から、フラストレーションと怒りをぶつけられていると感じていた。その感情の多くは、彼の気分を悪くさせている化学療法による点滴に向けられていた。私たちは2つだけ小さなワークをした。1つ目はスティーブンの怒りを認識させて扱うために、絵を使うワークだった。彼はいかに点滴が嫌いかについて話しながら、いくつかの描かれた絵に荒々しく落書きをした。

　2つ目にしたワークは、彼の余命が短いと聞かされて、とっさに私がやろうと思いついたことだった。それは12月の半ばの、彼が早めのサンタクロースの到着を祝うために家に向かうときだった。私たちは病院を出発するまえの最後の時間を、彼の両親のためにクリスマスカードを作りながら過ごした。スティーブンはとても弱々しく、息もうまくできない状態であったにもかかわらず、熱心にとても楽しんで取り組んだ。カードの完成は、私たち2人にとって本当に達成感があった。今では、カードを作ることは、私が彼とのワークのすべてをやり遂げることが出来なかったことについて、私なりの無念さを彼の両親へ伝えようとしていたのだとも思っている。スティーブンは12月18日に自宅で亡くなった。

　残念ながら、重い病気をもつ子どもと一緒にワークをするときに、いつも計画どおりに進む

この絵のなかでスティーブンは、怒りについて扱うまえとそのあとの顔の表現を比べて描いている。

ような十分な時間があるわけではない。このことは適切なワークをおざなりにしてもかまわないという意味ではなく、子どもとワーカーが共に希望や決意をもっているにもかかわらず、合意した目標の多くが達成されないことがあるということを最初に認識するべきだろう。ワーカーたちは解決できない感情を抱えたまま、1人取り残されるかもしれない。このような子どもたちとワークをするときの葛藤や種々のソーシャルワーク上の課題を考えると、専門的かつマネージメント的なスーパーヴィジョンを定期的に受けることが重要である。

このことはワークのなかの感情を扱う領域であり、感情的に反応することは自然であり正常で適切なことである。この本で記述している技法は、すべて強い感情的な反応を呼び起こす。そのため、このワークに着手するまえには、自分の感情の動きに気づくこと、そして、感情的な反応が子どもに及ぼす影響について理解することが不可欠である。また、死にまつわる個人的な感情について意識的になる必要もある。その場合、死を単に抽象的な概念としてではなく、より意味のあるものとして、出来れば、実際の自分の身に起きていることとしてとらえられるようになることが望ましい。このような技法は、個人としても、また接している子どもすべてにも応用することが出来る。

がんを患った子どもたちはほかの子どもたちよりも不安が高いという研究がある。子どもたちの多くは、さまざまな理由により、自分の考えや感情を1人でもち続ける。子どもたちが、何がどうして起こっているのかを理解することはたいせつであり、そうすることで空想と現実を区別することが出来るのである。

グレイムの話

グレイムは7歳で、低形成貧血[1]をわずらっている。悪性の病気ではないにもかかわらず、その治療法や予後はがんと似ている。治療の一部として、グレイムは命の危険を伴う処置である骨髄移植を受けた。移植を受けている患者は、感染の危険があり、そのため無菌の環境で看護される。すべてのスタッフと訪問者は、ガウンとマスクをつけ、衛生上の厳しいルールを守らなければいけない。

隔離期間中、通常の生活の制限や、食事や自由行動の制限は、必然的にグレイムにとって負担だった。当然、彼は明らかに攻撃的になり、とてもわがままになった。グレイムが病気と治療をどのように感じ何を理解しているのか、誰も把握できなかった。

グレイムは、簡単には考えや気持ちを話さず、もともとあるライフストーリーワークに取りかかるためには、体調も悪く、興味ももてなかった。しかし、彼の場合、ビデオ日記を制作することは、怖がらず、楽しみながら彼の病気やその病気の治療についての事実を整理して、理解するきっかけになったようだった。そして、望ましいことに、自分でコントロールできない出来事に翻弄されることが減ったと彼が感じるようになった。

彼は、実際、私がビデオカメラを用いた最初の子どもであり、彼の反応には注目すべきもの

I am A burp I can be very rude

ぼくはゲップだよ。
ぼくはすごいんだ。

ぼくと友達は、
一緒にゲップをする
のが好きだよ。

ぼくが友達と
ゲップをすると、
グレイムは
おなかが痛くなるんだ。

Me and my friends Like to get together and burp. When I burp with my friends it causes Graeme to HAVE A bad TUMMY pain

*
We will have to watch out because the Doctor has done some tests and told Graeme all about us. We Burps live in Graemes bowel and when we burp we give off Hydrogen Gas. Graeme had to blow into a syringe with special liquid to Discover us. Look out lads if Graeme goes on a Lactose free diet that will be the end of us!
They used to blame our mates Graft and Host but now they've blown our cover we will have to move on and leave Graeme in peace just like Graft and Host did.

サム・グラフト　　ビリー・ホスト

Sam Graft　　Billy Host

We are smarter than the average bugs.

ぼくら2人はふつうの菌よりも優秀だ

[グレイムによるイラスト]

＊ぼくたちはお医者さんが検査をしてグレイムにぼくたちのことを言ってしまうから、気をつけないといけないのだ。ぼくたちゲップはグレイムの体のなかに住んでいて、ゲップをすると水素ガスを出すんだ。グレイムはぼくたちを倒すために特別な液体の入った注射を打った。気をつけろ！　グレイムがラクトースなしの食事を続けたら、ぼくたちはおしまいだ！　やつらは、前はぼくの仲間のグラフトとホストをいじめていたけど、今はぼくたちを攻撃するから、ぼくらは違うところに行かなきゃならなくなる。そうすると、グレイムは昔のクラフトとホストみたいに調子よくなるんだ。

があった。撮影のなかで、彼は自分の考えや気持ち、また体調やその治療について理解していることを自由に話した。彼は体のなかで進んでいるSS戦争と呼ばれる戦いがどのようなものであるかを表現する。SSとはサダム（Saddam）とスミス（Smith　彼の名字）という意味である。サダムは悪い細胞、スミスはよい細胞を表している。彼は、ユーモアをもってかつ創造的に、よい細胞が成長する場所を作るために投入されている化学療法を表現する。その戦争に誰が勝つと考えているかを尋ねた時、彼は「そうだね。最初はサダムが勝つと思ってたんだ。だけど、今はスミスが勝つよ」と答えた。彼は、自信をもって家族とスタッフにこの短いビデオを見せ、その後も9歳の姉のレイチェルに対して、病気がどんな深刻な影響をあたえているかを議論する場面を記録し続けた。

　さらに最近、彼は、移植片対宿主病（GVHD）[2]として知られる症状のための治療を受けた。この治療は、主としてある種の猛烈な腹部の痛みから来る、度重なる不快な身体的経験にさらされた。彼は元気がなくなり、怒りっぽくなって、日課を行わなくなった。検査により、彼の移植がうまくいっていることと、彼の不快さはラクトース不耐性によってもたらされることがわかった。彼の苦痛を減らすために主に2つの方法があった。1つ目は、痛みを大幅に抑える

ことであり、もう1つは、起こっていることの意味を知ることや、未来は絶望的ではないと期待しはじめるように、彼が経験していることについて十分な説明を与え、情緒的ストレスを減らすことだった。私が左にあるようなワークをさせたことは、彼のビデオ日記のなかに組み込まれている。

このワークを制作している間の、彼の心境の変化は、目を見張るものがあった。無気力やイライラは、すぐに元気や熱意や興奮に変わった。

きょうだいのワーク

子どもたちが初めて診断を受けるとき、彼らはたくさんの新しい経験に直面する。それは、初めての入院であり、痛みを伴う検査を受けるときであり、病院のスタッフが変わり信頼関係を築かなければいけないときかもしれない。子どもたちは、家族の不安や、突然生活が思い通りにいかなくなり、怖くなる。そのため、友達や親戚や近隣や両親といったすべての人の関心と注意が、病気の子どもに向けられることは驚くことではない。しかし、きょうだいはどうだろうか。

慢性的に命の危険がある病気をもつ子どものいる健康なきょうだいは、さまざまな苦痛に直面する。診断の最初の動揺と、治療の間、愛する家族から離され確実に大混乱し、これからどうなるかわからないので、普通の家族生活を奪われた状態になる。両親は、病気の子ども以外の人々の情緒的な要求を理解したり、その要求に応えるエネルギーがないことがある。このことは、怒りや嫉妬、悲しみや恐怖といった極度の感情を生み出すかもしれない。私たちがこのような潜在的に傷ついた感情と戦い、また、彼らの考えや経験を理解し、その理解を深めていけるような、安全で恐怖のない環境を作り出すためには、家族全員への介入が不可欠である。きょうだいたちは、学校では自分たちとは全く違った生き方をしている同級生たちと、うまく調子を合わせてやっていかなくてはならないのである。

ライフストーリーブックは、きょうだいたちが、家族、病気や病院、病院のスタッフとの関係において、どのようにしたらよいかを理解しやすくする。しばしば絵やイメージは、気持ちを話したくない、もしくは話すことが出来ない子どもたちにとって、最初のコミュニケーション方法になる。これらの気持ちは、絵に表現されなくても、言葉として記しておけば、その後、彼らの心の準備が出来、何度も活用することが出来たときは、ライフストーリーブックのなかで無事に残りつづける。これらの例が示すように、準備が整うと、言葉によるコミュニケーションは、すぐにかつ意外とスムーズにはじまることが多い。

HIVの影響を受けた家族にライフストーリーワークを用いること

ジーン・ラビ（Jean Lovie）

両親や身近な家族の死は、子どもたちへ特別な試練を与える。HIV感染のために、死は数カ月後、あるいは数年後に起こるかもしれない。それは、断続的にしかし少しずつ家族生活を揺るがす深刻な病気である。複数の家族メンバーが感染し亡くなる場合があるし、秘密にされることが多いため、子どもの孤独感を大きくさせるかもしれない。

HIV感染をわずらっている多くの患者は深く疲労している。患者は、自身の怒りや悲しみを受け入れようとしている、若い親である場合が多い。彼らは、子どもに状況の変化を覚悟させようとすることがあるが、ときどきこれらの計画は患者にとって苦しく辛すぎるので、ほとんど実行することが出来ない。

子どもたちを助ける方法を見つけるべきである。その方法は以下のようなものである。

- 柔軟性があること
- 楽しめること
- 使いやすいこと
- 読み書きの能力が低い、もしくは出来ない子どもを含めすべての年齢に有用であること
- 急速な状況の変化に対応可能なこと

家族写真を使ったライフストーリーワークは、ある種の家族にとって、1つの有効な手段であることを証明している。

ケイトとベンの話

ケイトは4歳、ベンは彼女の弟で2歳だった。父親は、彼らが生まれるまえにHIV感染者と診断されていた。しかし、母親とケイトとベンは感染していなかった。ケイトのグループ遊びのリーダーや保健師、そして保育士は、父親がHIVの陽性状態であることを知っていた。両親は、子どもの関係者に情報を与えることで、家族にのしかかる重圧を理解してもらう方がよいだろうと決断した。家族は、病院のソーシャルワーカーとも定期的に連絡を取り合った。

父親の死の4週間前に、ケイトは夜驚で目が覚めるようになった。彼女は、父親が重い病気だということを知っていたが、彼女からの質問に答えるのは時間がかかった。彼女は、なぜ自分が怖がっているのか、一体全体何が悪いのかを言葉にすることが出来なかった。彼女は、病院にいる父親に会いに行き、グループ遊びで描いた絵を持参し続けた。しかし、彼女は、病院に頻繁に行きたがらなかった。彼女が言うには、今病院に行ったら看護師さんがお父さんのお世話をしているだろうから、ということだった。彼女は、何が起きているのかはっきりと気づきはじめていたが、彼女が考えていることや感じていることを、どのように表現すればよいの

かわからないようだった。

　顔見知りで信頼の厚い、彼女のおばが滞在することになった。母親は、より多くの時間を病院で過ごすことが出来、ケイトは自分の時間と場所を与えられた。彼女は、毎日のようにマイペースに家族の写真を集め、それを年代順にブックに収録した。彼女の両親の生き様を書き出し、起こった出来事、その出来事が起こった年、可能であればそのときのケイトの年齢が書かれた。ケイト自身の写真が加えられ、ベンや祖父母や身近なおばやおじの写真も加えられた。出発点は彼女の両親の誕生だった。そして、両親の学校生活、趣味、交際期間、結婚、父親の病気、そして彼女自身とベンの誕生と続いた。これに、彼らが家族で分かち合った楽しかった思い出が加わった。

　彼女の家族システムの強さがよりはっきりしたことで、ケイトは父親が死に瀕しているのがわかっていると口にするようになった。ワークが進むにつれ、彼女の悪夢が消えた。彼女の人生に対するさまざまな家族の意見を含め、彼女の質問に正直に答えるというケアがなされた。そのブックは、彼女の父親の死のそのときまでにアウトラインが出来上がっていた。ほかの身近な家族は、ブックに使う写真を葬式に持ってきてくれた。

　その後、ケイトの母親は再婚した。彼女の継父はブックからケイトの父親について学び、継父の写真もまた加えられている。彼女の父親の死に続けて起こった、大きな家族の出来事も含まれている。ケイトは今でも、動揺したときや、心配なときは、そのブックを読み返し、母親の目に付くところにブックを出しっぱなしにして、助けてほしいというサインに気づいてもらえるようにしている。彼女が新しい生活に慣れていくにつれ、ブックを使うことは少なくなってきている。

　以下は、この事例の成功要因である。

- 信頼が厚く、身近な家族のメンバーからの協力が得られ、彼らは家族の全員のことをよく知っており、そのうえ、発生した状況についてケイトが感じている気持ちと、彼らが感じる気持ちを分けて考えることが出来たこと。
- 外部のファシリテーター（この事例ではソーシャルワーカー）によるワークの進捗状況の説明が全体で理解されたこと。
- 長期間に渡って写真が残されていたこと。
- 家族状況の理解。ライフストーリーワークは、家族にさまざまな形で提供された援助のなかの1つだった。病院で起きることについて、どのタイミングでライフストーリーワークをするかというのは、非常に重要なことだった。

　ケイトは、父親の状態が悪化し、亡くなる前数カ月の、父親が変わっていく様子を見て気づいたことを表現するために写真を使った。彼女はもう彼が家に戻ってくることはないだろうということがわかっていると言った。写真を通して、家族のつながりの大きさや強みが伝えられた。

　このアプローチは、同じ年齢の似たようなほかの子どもの状況においても用いられた。いず

れの事例においても、子どもたちは限られた時間に喜んで協力し、ワークのまえには自分のことをかなりわかっていた。ライフストーリーワークはこうした状況にあるすべての家族に適切ではないかもしれないが、ある特定の家族には有効であることがすでに証明されている。

大人とのライフストーリーワーク

ゲリリン・スミス（Gerrilyn Smith）

　大人もまた、自らの、もしくは子どもの幼少期の記録をつけることから得るものがある。このことは、とくに、社会的養護のもとで育った大人にとってたいせつである。子どもの頃の自分を振り返ることは、とても治療的であり、自分の現在の生活に見通しをもつ手助けになる。

　社会的養護のもとで育った大人のなかには、社会的養護を通じた彼らの生活とその歩みを、共に描く時間を作ってくれる人に恵まれなかった人もいるだろう。社会福祉の援助を受けていた時期の記録を入手することは、彼らの過去をつなぎ合わせるための、1つの方法である。

　以下は、社会的養護のもとで育った大人のライフストーリーワークの例である。

バネッサの話

　バネッサが私のところに紹介されたのは24歳のときだった。彼女には5歳未満の子どもが3人おり、最近死産を経験したばかりだった。彼女は子どもたちを適切に養育しておらず、彼女が気持ちを整理するまでの間、子どもたちは彼女のもとから分離されていた（これは、2002年養子縁組・児童法よりも前のことである）。私たちが実際に同意しているワークの項目一覧のなかで、バネッサは、彼女が自身のライフストーリーブックに取り組むことに興味を示した。当時、彼女の子どもたちにワークが行われていたこともあり、私は子どもたちに起こっていることを彼女が理解する手助けになるかもしれないと感じた。

　私たちは家系図からはじめ、バネッサの祖父母へとさかのぼっていった。バネッサは父方祖父母については知っていたが、母方祖父母について情報をもっていなかった。バネッサには2つの国籍があり、母方はスペイン、父方はカリブ海の島の出身であった。彼女は以下のような導入でライフストーリーブックをはじめた。

　　この日記は、自分がひとり親であること、そして、1人で子どもたちを育てていかなければならないことから生じる生活の大変さを、私と周りの人たちが深く理解できるようになるためにある。この日記は、私のこれまでの生きざまと、なぜ今の私がこの道を歩んでいるのかについて教えてくれるだろう。

　彼女は、修道院の生活と母親との時折の面会についての回想から始まる、もっとも初期の記

憶を記しはじめた。第1章は、母親との生活に戻ったと思われる5歳の誕生日のところで終わる。第2章は、バネッサの父方祖母が、一緒に生活するために彼女を連れ出すところから始まる。祖母との生活の間、バネッサは父の方とよく連絡を取っていた。

　バネッサは、彼女の人生についてさらに28の章を書き続けた。私たちは、彼女の記憶について語り、いくつかの混乱について整理し、彼女自身の子ども時代の経験が、どれだけ彼女の親としての能力に影響しているかについて考え、これらの作業を私たちは一緒にやり遂げた。

　私たちは、彼女が子どもたちとの間で繰り返している、彼女の人生におけるあるパターンを見出すことが出来た。バネッサ自身の母親は、バネッサのライフストーリーブックについて私たちを手伝おうとはしなかった。私たちは、母親に手紙を書いて会いに行ったが、母親は参加することを拒んだ。母親のパートナーは、バネッサに母親と話をさせなかった。自身の子ども時代を振り返るなかで、バネッサは、自分の両親のそれぞれのパートナー（彼らはすでに別れている）が、しばしばバネッサと彼女のきょうだいが生みの親に近づくことを止めさせていたことがわかった。バネッサは3人目のパートナーと付き合っていたが、彼女の両親のパートナーとは違って、彼女の現在のパートナーは、バネッサの子どもたちを自分の実の子のようにみなしていると感じた。

　私たちは、彼女のライフストーリーブックのために、彼女が訪問したい場所のリストを作った。私たちは、彼女が覚えておきたいたいせつな思い出を一緒に集めた。これには、彼女の子どもたちの母子手帳、大事なクリスマスと誕生日のカード、当時住んでいた施設の子どもたちの写真、訪問したときの写真が含まれていた。

　私たちは父方祖母の家に行くことからはじめた。私たちはバネッサが住んでいたいくつかの施設に行った。多くは今もなおお家として使われていたが、必ずしも若者向けではないところもあった。あるケースでは、建物が取り壊され、大量のがれきだけが残されていた。私たちは、バネッサの母校の中学校から許可を得て訪問し、そこを歩いて回った。

　彼女の子どもたちの思い出を集めはじめることも重要だった。私たちは、彼女の子どもたちが生まれた病院、彼女が最初に住んだ家やアパート、子どもたちが通っていた保育園に行った。バネッサは、自分の子どものためのスクラップブックを作りはじめた。バネッサは子どもたちを里親のところへ向かわせるのではなく、自分のところに子どもを呼び戻し、もう一度やり直すための準備をはじめた。

　子どもたちが彼女から離れて過ごしていた間も、彼女は子どもたちの養育に参加し続けた。彼女は、定期的に約束どおり訪問した。彼女は、自分の両親が自分につながりをもち続けていなかったという経験から、自分の子どもたちにはかかわりをもち続けようと励んだ。彼女は、自分より若く、子どもの養育責任を果たせていない友人たちや、あまり連絡を取っていなかった友人たちのことを思い出した。彼女はほかの若い母親たちに会うことをはじめた。彼女は自分の子どもたちの養育を再開できると感じられるようになるためには、何を変化させる必要

があるか、わかるようになってきた。ライフストーリーブックは彼女と行うべきワークの一部に過ぎないとはいえ、たいせつなポイントを教えてくれた。ライフストーリーブックによって、彼女は自分の子ども時代の役に立たないパターンに気づき、そのパターンを繰り返すまいと決心した。

　バネッサを助けた要因は、自分の子ども時代に関心をもっていてくれる人がいたことである。育児に困難を感じている多くの親の場合、彼ら自身が手をかけられていないか、もしくは恵まれていないので、子どもたちの世話をすることはとても難しいのである。バネッサのライフストーリーブックを作成していくことによって、私はいかに彼女が多くのことをうまく成し遂げ、家族の人間関係のパターンにどのような変化をもたらしはじめているかを指摘できるようになってきた。バネッサは依然として母親には怒りを感じていたが、母親が経験したに違いない困難については、深い理解を示していた。バネッサは、父親と再びつながることが出来、家族についてより多くの情報を聞くことも出来るようになった。

　カウンセリングオフィスでよく行われるタイプの大人の個別面接のワークとは違って、バネッサと私は、道中の車内やカフェや彼女にとって意味のある場所で話をした。彼女が自身の過去を思い出すための具体的な取り組みによって、彼女はより多くの過去を思い出し、彼女がこれまで長い間思い起こすことのなかった幼少期の一面を、それまで以上に詳しく語ることが出来るようにもなった。このようにして、私たちはなぜバネッサがこのような道を歩んできたのかをより深く理解することが出来た。彼女は、1人の女性として、パートナーとして、そして母親として、どのようになりたいかを考えていく歩みをはじめた。

【訳者注】
1) **低形成貧血**　再生不良性貧血（低形成貧血）は、骨髄中の造血幹細胞が減少することによって骨髄の造血能力が低下し、末梢血中のすべての系統の血球が減少するもの。
2) **移植片対宿主病**　免疫抑制療法を受けている人や、白血病、先天性免疫不全の人が、骨髄移植や輸血を受けて、移植骨髄や輸血血液が身体内部を攻撃することで臓器障害が起こるもの。

対話的アプローチによる
ライフストーリーワーク

アフシャン・アフマド、ブリジット・ベッツ（**Afshan Ahmad, Bridget Betts**）

は じめに

　子どもとコミュニケーションをとること、子どもと接することは、ライフストーリーワークの重要な要素である。ヴェラ・ファールバーグ（Vera Fahlberg）は以下のように述べている。

　　コミュニケーションは、さまざまな感覚を通じて起こる。言語的なやりとりのみに限って考えられるべきものではない。大人は柔軟に、さまざまなコミュニケーションの技術を積極的に試みることが求められる。そうすることで、対象の子どもが情報を共有するために、もっともやりやすい方法を見つけられるようになることが目標になる。

　また、フィスク（Fiske, 1990）は以下のように指摘している。

　　コンピュータは徐々に、情報や知識を述べたり、やりとりをしたりするための道具として重要性を増してきている。それと同時に、人間の学習の理論についても、学習とは知識

が蓄積されていくなかでの能動的な過程である、とする仮説が有力になりつつある。これは、コミュニケーションを通じて、情報を単に「受け入れる」ことを学習と考えるものとは正反対のものである。

　現代の子どものほとんどは、コンピュータを使うことに慣れており、コンピュータは教育現場において日常的に使用されている。学校以外の場所でのコンピュータを利用した学習は、興味深く研究されている。DfES（イギリス教育技術省）は、60の学校を対象に、2002年7月に終了したIMPACT 2という調査を行った。その調査によると、45％の小学生と、90％以上の中学生が、家庭にコンピュータがあると回答した（Harrison et al., 2004）。

　もっとも頻繁に引用される知見として、対話的アプローチを用いた場合、学習と授業の両方で、また、デジタルビデオのような特定の技術を用いた際にも、子どものやる気が増し、取り組みが上達したという調査がある（そのほか調査では、Brna et al., 2002; Becta et al., 2003; Pittard et al., 2003; Passey, 2005; Passey et al., 2004 などがある）。小規模な質的研究では、サイムとプリーストリー（Sime and Priestley, 2005）によると、情報・コミュニケーションのテクノロジーを用いた場合には、生徒はより熱心に長期間活動に従事し、生徒が作成した課題に対して、より高い自尊感情をもつことが見出された。ほかにも、アニメーションやシミュレーション映像や動画などの映像を用いた技術を用いることで、学習に集中し、理解力が高まったという結果が出ている（Passey et al., 2004; Liveingston and Condie, 2003）。教育分野における調査では、生徒や若者のさまざまな学習スタイルにあわせた学習体験について触れることで、対話的アプローチの可能性を示しているといえる。

　フェイサーとウィリアムソン（Facer and Willamson, 2004）は、デジタル技術はノンリニア編集（デジタル機材を用いて映像データを編集する方法）を飛躍的に発展させ、創造性や共同作業の価値を高めた、と論じている。たとえば、アニメーション音楽やデジタルビデオは、個人が創造的な学習教材を開拓する可能性を高めることが出来る。そのような学習教材には、デジタルな物語やマルチメディアによるプレゼンテーションのようなものがある。このようなツールによって、子どもたちは、彼らのアイディアや考え、感情などを形にしたり、共有したり、さまざまな表現を編み出したりすることが出来る。子どもたちは、さまざまなメディアツールを使って、簡単にそれらを変更したり、適合させたりすることも可能になる。

　このような教育や学習で用いられる対話的アプローチによるメリットは、現在では教育分野において認められており、幅広く利用されている。しかしながら、一般的に子どもがこのような素材を直接使用することはなされておらず、社会福祉の分野での活用も、いまだ普及していない。

対話的アプローチとは何か？

　定義にもとづけば、対話的アプローチには、コミュニケーションと共同作業をすることが含まれている。コンピュータを用いることで、個人とコンピュータとのやりとりにおいて、情報や知識を変換したりすることが可能になる。相互的な特徴があるコンピュータプログラムには、データやテキストを入力したり、音楽や映像などのように、子どもがやる気になったり引き込まれるようなものが含まれている。

　子どもと直接作業できる多くのCD-ROMがある。たとえば『マイライフストーリー』（*My Life Story*, Betts and Ahmad, 2003）、『ブルースのマルチメディアストーリー』（*Bruce's Multimedia Story*, InformationPlus, 1998）、『スピークイージー』（*Speakeasy*, Betts, 2004）、『ビリーと大きな決断』（*Billy and Big Decision*, Information Plus, 2001）がある。斬新な教育プログラムとして開発されているものに、『インマイシューズ』（*In My Shoes*）がある。これは、コンピュータパッケージで、専門家が、子どもや障害のある成人とのコミュニケーションを支援するものである。内容については、彼らの体験やものの見方、願いや感情、潜在的には、病気や家庭内での虐待などのような苦しみの体験についてなどが含まれる。ほかにも、相互的なアプローチとして、コンピュータが生み出すプログラムに加えて、デジタル写真やデジタルビデオ、携帯メールやブログなどがある。

　子どもはこのようなメディアを使いたがるだろう。それに、この作業を行う際に生じる強烈な感情と向き合う子どももいる。そのため、このようなメディアを使うことで、感情との間に「芸術的な距離」をとることが出来るだろう。

ブログ

　ブログとはインターネット上の日記的ウェブサイトのことである。文章だけではなく、音や映像、音楽や絵を載せることが出来る。ブログはときおり、考えや気持ちをインターネット上に、誰もが見られるようにしている「現代の日記帳」と言われることがある。「ウェブログ（もしくは、ブログ、ニュースページ、フィルター）」とは、ウェブロガー（もしくはブロガー、プレ・サーファー）が、面白いと思うウェブページに「記録（log）」を残すものである（Barger, 1999）。

　ブログについては、ライフストーリーワークを促進させるために用いることが適切であるとは考えていない。というのは、子どもにとっては、ブログは、個人情報の保護や安全性、データの安全管理などの観点からみて、懸案事項が数多くあるからである。しかしながら、現在の流行として、若い世代がどのようにコミュニケーションをとり、表現活動をしているかについて知っておくことは有用であろう。

デジタル写真と映像

　写真はライフストーリーワークにとって有用な部分を占める（本書の写真についての記述を参照）。写真と映像は、思い出を記憶することを助けるし、若者にとって自身の進歩と成長を評価するものとして役に立つものである。

ハムザ　ハムザ（5歳）は4歳のときに2度目の養子縁組が行われた。最初の養子縁組は、1年を待たずに中断となった。当初彼は、ライフスーリーブックを見ている際には、最初の養子縁組のときのことを語ろうとはしなかった。彼は自尊感情が低く、そのことで、自分が失敗したと考えていた。その後しばらくして、心を開きはじめ、自分が幼児の時にどんなだったか尋ねるようになった。里親は限られた情報のなかでしか答えることが出来なかった。何度か問い合わせた結果、最初の里親が撮った、生まれて間もない頃の映像があることがわかった。ビデオ映像を見て、ハムザは自分がどれほど成長し、話すことが上手になったかがわかった。彼の思い出と過去のファンタジーは悲しみと痛みに満ちていたが、ビデオ映像を見たことで、彼が自身をより安定したものとして見られるようになった。

　デジタル技術が向上したことで、写真の保管、編集、複製がより容易かつ低費用で行えるようになった。写真はスキャンして、ディスクに保存することが出来る。この技術は、従来の複製方法に取って代わるものとして用いられ、コストを減らすことが出来る。

ケビン　ケビン（10歳）は父親が急死したことを理由に、週1回の心理治療を受けていた。ケビンは彼の父親がどんなだったかを忘れてしまうことを恐れて、不安が高まっていた。ケビンの父は写真を撮られるのを避けていたこともわかった。唯一残っている父の写真は、ケビンのバスの定期入れのなかに入れられていた。その写真はスキャンされ、大きなサイズに拡大された。1枚の写真だけしかなかったときに比べて、デジタル化された写真はケビンにとってたいせつなものになった。ケビンはその写真を写真立てに入れて枕元においておき、そうすることで、父親が身近にいるように感じると話した。

　デジタルカメラを使えば、写真は自動的に日付が入るし、簡単に撮影したものを見ることが出来る。多くの若者は、現在では携帯電話を所持しており、新しい機種のほとんどはカメラが内蔵されている。著者の娘の1人は、定期的に携帯電話のカメラを使って彼女の生活の写真日記をつけている。彼女は、毎日の日常の事柄、たとえば、登校の道のりや、家族や友人と外出したときのことをカメラに記録しておくのである。コーンウォール州へ長旅した際の車内での

出来事などは、なおさらである！　彼女は撮影した写真をコンピュータに保存し、そのときの考えや感情を覚えておくために、説明文をつけている。このような作業によって、彼女と家族は思い出を回想したり、振り返ったりすることが出来る。使い古された決まり文句を引用するならば、写真は、「百聞は一見にしかず」である。

　写真はさまざまな形、たとえば、eメール、Bluetooth（デジタル機器の通信装置）などを使ってコンピュータに送ることが出来る。写真編集は若者にとって自身の経験や感情、人々とのかかわりを振り返るために効果的な方法になりうる。マイクロソフト社のPowerPoint（パワーポイント）、Word（ワード）、Publisher（パブリッシャー）などの容易に扱うことが出来るソフトを用いることによって、ライフストーリーブック作成のための、写真や文章、画像などを付け加えることが出来る。Windowsのムービーメーカーは、文章や音楽を加えることが出来、画像のスライドショー上映が可能なソフトである。また、ストーリーを伝えるために画像に自身の声や音声、音楽を加えることが出来る。養育者や子どもにかかわった専門家、生みの親の家族などの、重要な人々の声を録音することは、彼らが作業に参加するためのよい方法にとどまらず、子どもが異なった（ときには全く正反対の）側面から描かれるという利点がある。このようなソフトを用いる方法は、ある程度の年長の児童や、文章、絵画、またはそのほかの芸術的な素材を用いようとしない児童たちにとって、生産的な方法である。スペルチェックのような機能を用いることが出来るようになることで、子どもにとって気がかりなことが少なくなり、ワークにより集中しやすくなる。

　写真の使用が制限されたり、写真がない場合には、そのほかの画像などを用いることが出来る。そのような画像は、子どもがどのように感じていたかを知る手がかりになる。

カースティ　カースティ（14歳）は自身が生まれた家族についてうまく話すことが出来なかった。家族について絵を描くことを望んでおらず、私たちはクリップアートを検索した。彼女は2つの画像を選んだ。最初の画像は、人がのこぎりを引いて作った家だと彼女は言った。テラスつきの家並みだった。2番目の画像は、夜撮られたぽつんと城のように立っている建物だった。このイメージについて、彼女は、家をそのように見ているのだと語った。

　また、映画は力強い媒体で、用いることで臨場感が増す。大人も子どももビデオカメラや、Nero（ネロ）やPinnacle Studio（ピナクルスタジオ）などの、市販されている映像編集ソフトなどによって、映画を作ることが出来る。コンピュータとビデオカメラを接続することで、映像をコンピュータのハードディスクに取り込むことが出来るし、編集、映像、音楽、文章を追加することが出来る。前述したが、この方法は複数の意見や考えを記録し、考え方の違いに気づくことが出来るし、創造的に用いることで、治療的な価値を生み出すことも出来る。

ドミニク

ドミニク（15歳）は彼の養育者、ソーシャルワーカー、そして祖父にインタビューをすることを決意した。彼はがんばって質問したい項目を作成した。3番目の質問をしたときに、彼はカメラを心理的に距離を置くための道具として用い、祖父母に、彼がなぜ施設入所になり、祖父母宅で生活できなかったかについて尋ねた。その答えは彼が理解していたものと変わらなかったが、彼は近親者から直接その理由を聞きたいと考えていたし、祖父母の悲しみと後悔の念を感じたかった。編集過程は、彼にとって映像を何度も見ることになったし、そうすることで、自身の感情についてオープンに語ることになった。そのプロセスは彼にとって、かつての拒絶された体験と、良好な関係を育むことになった体験に折り合いをつける作業であった。

新しく作成された子どもの自己紹介のための映像作成サービス「See Me Films」（私にビデオを見せて）は、BAAFとGlocal Filmsという映画会社の共同制作によって作られた。これは、子どもにマッチさせる家族を必要としている代理人にとって、子どもの情報を得る機会になった。同様のウェブサイトとして、「Be My Parent」（私の親になって）がある。このような映像は、のちにライフストーリーワークを子どもと共に取り組む際に用いることが出来る。

対話的CD-ROMパッケージ

ライフストーリーワークを行うにあたり、対話的CD-ROMパッケージを用いることでさまざまな利点がある。

- 子どもや若者にとって、コンピュータは馴染み深いものとなっており、熱中し、楽しく用いることが出来る。
- CD-ROMパッケージは現代的なツールである。どの教育分野でも、子どもと大人の両者にとって、インターネットでの学習スタイルが浸透しつつある。里親養育者がインターネット学習を行うことも増えてきている。
- 若者は、このようなコンピュータの素材をより扱いこなすことが出来る。子どものほうが大人よりも操作についての知識力や自信をもっていることがある。
- より年長の子どもになってくると、このようなテクノロジーを彼らの日常生活の一部として活用できる可能性がある。たとえば、携帯電話による写真撮影、音楽録音、ショートムービーの撮影などがある。
- このような素材（前述参照）は、自身の体験に「距離を置く」ための治療的なツールとしての意味合いもある。苦痛を伴ったり、困難な出来事を扱う際には、このような媒介的な方法が有効な場合がある。

以下にあげたのは、最近のケースである少女が用いた、対話的ライフストーリー CD-ROM 『マイライフストーリー』（*My Life Story*）の例である。

ハリエット

ハリエット（10歳）は、セッションとその準備の間に、よくCD-ROMを自分で用いており、養育者には彼女がこれまで何をしてきたかについて話していた。彼女は、自分の体験のなかで「お荷物」になっていることを克服し、「ダンプトラック」のなかで父から受けた性的虐待と決別するための活動をはじめた。ハリエットが彼女の体験を開示したのは初めてのことであり、このような活動によって、彼女は安全な方法で自身の体験を話しはじめるようになった。

- CD-ROMパッケージは、批判的でなく、侵入的ではないので、若者は安心感と信頼感をもつことが出来る。子どもたちは、自分が望むときに「話す」ことが出来るし、そうした場合でも答えが返ってくるわけではない。子どもたちが望めば電源をオフにすることが出来る。1回削除したものを復活することも出来る。
- これらの素材はさまざまな事柄を知る際に有用なツールである。たとえば、連絡を取ることや、関係性について子どもがどう考えているかを知ることが出来たり、子どもの望みや気持ちについてアセスメントしたり、聞き取りをすることが出来る。
- これらの素材は、焦点を外すことなく、非常に気楽に楽しく取り組むことが出来る。経過についても、コントロールを維持しながら取り組むことが可能である。
- CD-ROMパッケージは、子どもに合わせて、1つのテーマからほかのテーマに戻って取り組むことも可能である。
- CD-ROMは、高度な識字力を必要としない。テキストが音声になって出力される機能がついていることが多い。アニメーションや音響効果などもあり、子どもがさらに話し合いを深めやすくなっている。

テリー

テリー（7歳）は「困ったことをつぶす」活動に楽しんで取り組んでいた。音楽とアニメーションによって、彼は困ったことを伝えることが可能になり、それらの困ったことにうまく対処するための手助けになった。彼は同様の困ったことを何度も「ぺしゃんこ」にし、そこに音声クリップをつけた。それは「ああ、それはよかったね」という音声で、笑顔の画像と拍手喝采が一緒についているものだった。

- CD-ROMは養育者や生まれた家族のメンバーのような重要な人物と一緒に取り組む基盤として活用することが出来る。

ハージンダー

ハージンダー（11歳）は、8歳のときに里親に委託された際に与えられたライフストーリーブックについて、それをもう一度取り上げるために、ライフストーリーCD-ROMを使用した。最初のライフストーリーブックでは彼女は熱心ではなかったが、今回の場合は、彼女が赤ちゃんだったときに、なぜ養子縁組されたかについて尋ねたい気持ちが起きてきていた。彼女は、各章の事実や状態に関心をもち、彼女の出生についての質問項目の枠組みを作ることが出来た。彼女のソーシャルワーカーは、彼女が知りたいと思う情報が抜け落ちていることを発見し、そのことがきっかけで、生みの母親に聞きたい質問項目の一覧を書き出すことが出来た。

- 情報は電子媒体のCD-ROMに保存され、あとになって改訂したり、追加することが容易である。
- CD-ROMによって進展状況や見方の変化や概略についての情報を知ることが出来る。

ジェニー

ジェニー（7歳）はセッションをはじめる際に、彼女の生まれた家族に宛ててeメールを書くという活動をよくした（実際に相手に送るわけではない）。この活動が、ジェニーにとって家族に対して彼女の気持ちを伝える手段を与えただけではなく、ファシリテーターと共に質問項目に取り組んでいくことで、彼女の気持ちの変化と、彼女が施設に入所した際の不安を取り上げるきっかけになった。

- CD-ROMの情報は、容易に更新が可能で、必要があれば何度も印刷することが出来る。
- CD-ROMパッケージは記録や複製、印刷を必要に応じて行うことが出来る。情報は、ディスクに保存し、若者は継続しているワークをデジタルで複製したり、個人のファイル用にバックアップを取ることが容易にできる。
- CD-ROMは1人で使用されるのみにとどまらず、子どもが必要とする情報の種類に応じて、ファイルごとに分けて用いることが出来る。

しかしながら、CD-ROMパッケージは、それのみの使用を目的として作成されているわけではない。ライフストーリーワークに参加している人には、ほかにもさまざまなツールが用意されており、対話的なアプローチは、それらのツールを補足するものとして利用すべきである。ほかの創造的な表現方法が存在することを知ること、たとえば、芸術や、若者が関心をもっている詩や写真、映画や携帯メールのようなものがある。それらをどうすれば創造的に活用できるかを考えることは重要である。

CD-ROMパッケージを用いる際の短所は以下のようなものがある。

- コンピュータが必要で、それゆえ操作方法を知っておく必要がある。さほど重要ではな

いが、プリンターや音響関係のオプションがあれば望ましい。コンピュータにサウンドカードやスピーカーが装着されていれば、子どもにとって作業がやりやすくなる。
- 基本的なITの知識とスキルが望まれること。このような手段を使う場合、作業するものにとって不安がある場合がある。
- ツールとその機能に慣れるまでに時間を費やすために、作業に時間がかかる可能性がある。
- 情報の保護とデータの保全が求められること。ワーカーは、作業中にデータをどこに保存すればよいかを考えておかなくてはならない。

対話的CD-ROMをライフストーリーワークで用いる

準 備

ライフストーリーワークで対話的なメディアを用いる際には、作業をはじめるまえに、この本の冒頭で述べた全体のアウトラインの考慮事項に付け加えて、特殊な課題を行う必要がある。

- ソフトウェアとハードウェア（コンピュータ、プリンター、デジタルカメラ、ビデオカメラ、スキャナー、その他）の何をどのくらい用いればよいのかを知っておくこと。ほかの作業をする相手と共に、機器使用についての話し合いのために、個別の時間枠を設定しておく必要があるかもしれない。多くの地方自治体は、子どものためにコンピュータを提供している。自宅にコンピュータを使える子どもがいれば、よりよい設定環境になり、養育者にとっても作業しやすくなるという利点がある。
- ソフトウェアとハードウェアの互換性を考慮しておく必要がある。ソフトウェアを使用するための最小のシステム条件は、たいていの場合、CD-ROM本体か、パッケージに記してある。
- デジタルカメラやビデオカメラを使用する際には、コンピュータに接続できるかどうか確認すること。デジタルカメラはUSBポート経由で、ビデオカメラはファイヤーワイヤー（FireWire IEEB94規格）によって接続することが多い。
- 映像の編集や、大量の写真や音楽を用いる場合には、コンピュータの記録容量を十分に用意しておくこと。
- コンピュータにアクセスする人をチェックし、情報の守秘にまつわる課題について考慮しておくこと（140ページで詳しく扱う）。
- ソフトウェアとハードウェアに慣れるためにかかる時間を考慮し、その分の時間をセッションのなかに確保しておくこと。技術的なサポートが必要な場合の、問い合わせ先を知っておくこと。

開始方法

- プログラムの使用とサポートのためのシステム要件を把握しておくこと。
- 作業に伴って印刷が必要になれば、プリンターに接続する（できればカラー印刷できるもの）。（プログラムのなかには、入力したものが保存されないものもある）
- CD-ROMの使用について、慣れておくこと。説明書をよく読み、自分自身で操作してみること。学習のもっともよい方法は、自分自身で取り組んでみること！
- 案内書や記入用紙を印刷しておく（画面表示されているものと、表示されないものの両方）。そうしておくことで、すぐに参照することが可能になり、コンピュータにトラブルがあった際には替わりのものとして用いることが出来る。
- ツールの利用方法についてのさまざまなアイディアなどを、コンピュータ上でも、それ以外のものにでもよいので、記しておくこと。
- ツールの利用範囲と限界を把握し、理解しておくこと。
- ペン、塗料、工作の材料、パペット、人形などの、コンピュータを使わない、直接的で創造的なワークを用意しておくこと。
- 若者が、コンピュータを用いることをどう感じているかを調べておくこと。ほとんどの若者がコンピュータを用いることに慣れ親しみ、たけているが、すべての若者がそうであると自動的に思い込んではいけない。
- CD-ROMをつかって遊んだり、調べたりすることを許可すること。どうしたいかについては、子どもに決めさせること。
- 可能であればいつでも、作業した日付を子どもにつけさせること。そうすることで、改訂したり、再検討したりする際にどの程度進展したかを知ることが出来る。
- 創造的であること。CD-ROMからのアイディアを子どもの状況に合わせて採用すること。逆に、子どもの状況をCD-ROMのアイディアに合わせようとしないこと。

情報の守秘とデータ保存について

- 可能であればどこでも、リムーバブルドライブ・ディスクにデータを保存しておくこと。コンピュータを複数でシェアしている場合には、とりわけ重要である。
- 若者が自分のコンピュータを利用している場所では、バックアップを取っておくように助言すること。
- データは安全な場所に、バックアップのコピーと共に保管しておくこと（保管場所は、個人のファイルなどがよい）。
- 当然ではあるが、入力された情報は最大限、守秘事項として扱うこと（アクセス権の設定をコンピュータに行っておくこと）。そうすることで、データ消去事故や、不正使用を防ぐ。

結論

　対話的なメディアをライフストーリーワークに用いる場合、それらのメディアはほとんどの子どもにとって馴染み深く、興味深いものであるから、代替的で、現代的なアプローチが可能になる。作業の工程を管理することが出来るし、子どもたちは振り返りと、トピックについての活動を行うことが出来る。それゆえ、私たちは専門家や養育者の立場から、子どもたちのコミュニケーションスタイルを把握して、慣れ親しんでおくことが重要である。そして、伝統的なアプローチ方法で行うライフストーリーワークと共に、このようなコンピュータを用いたツールをどう創造的に活用していくかを考えていく必要がある。

ライフストーリーワーク用
対話的ソフトウェア

　この章では、『マイライフストーリー』（*My Life Story*）と『インマイシューズ』（*In My Shoes*）という、ライフストーリーワークに使用できる対話的ソフトウェアについて述べる。

『マイライフストーリー』（*My Life Story*）

ブリジット・ベッツ（Bridget Betts）、アフシャン・アフマド（Afshan Ahmad）

　『マイライフストーリー』は、対話的CD-ROMで、子どもたちに直接かかわる仕事をしている分野の実践家により、現在使用している題材を補うものとして作られている。セリフを付け加えたり、音響効果、音楽、彩色やアニメーションを施すような対話的なやり方によって、ライフストーリーワークの過程に新しい側面をもたらすことを目指している。これによって、情報を記録する枠組みも提供される。『マイライフストーリー』は、ワーカーや養育者の両者にとって容易に使える。また、子どもたちの場合は、どこからはじめてもよいので、自ら進んで取り組める。『マイライフストーリー』は、いろいろな場面で使える。使用できるのは、たとえば、進路決定にまつわる子どもの願いや感情が、明確になるよう支援する場合であったり、教育現場、ファミリーセンターや保護施設、生命を脅かす病気に向き合っている子どもたち、あるいは、自身が生きてきた記録をまとめることで、恩恵を得られる大人の場合などであ

る。CD-ROMは、子どももしくは若者や援助者が使いやすいようにデザインされている。

　この対話的アプローチの利点は、ワークをする人がどこからでもはじめることが出来るところである。そのワークは「行き先場所を見よう」という項目を見ることで、子ども主導で使うことが出来る。援助者の役割は、援助者自身が主導したくなる気持ちを抑え、出来れば内容は示唆するだけに留めておく。実際、『マイライフストーリー』には、ワークを進めるために、子どもや援助者の進捗状況がわかる「地図」がある。子どもたちは、養育者やワークをする人と一緒に、子どもたち自身のペースで、子どもたちが望むときに彼らの「場所」に進むことが出来る。子どもたちは、動き出す準備が出来るまで、子どもにとって「安全」な場所に留まることが出来る。ライフストーリーワークは、このように発展していくワークである。ワークによって、これまでのことについて振り返ったり、整理しなおしたり、子どもの生活や経験におけるさまざまな視点について考えたり、取り入れたりする機会が得られる。

　『マイライフストーリー』は、それぞれのセクションでヘルプのページがある。また、より治療的で専門的なライフストーリーの過程を知りたい人向けに、印刷物としてより詳細に記載されたガイドがある。このガイドは、適切な状況でCD-ROMが使用できるように作られてあり、操作スキルが身につけられるよう配慮されている。専門性の高いワーカーは、そのソフトウェアを最大限使いこなす必要があるだろう。援助者は、プログラムによって最大限の効果をもたらすために、ソフトウェアに熟知し、自身のライフストーリーワーク実施の技術を高めておかなくてはならない。

　まず最初に、子どもと一緒に基本的なルール作りをすることは重要である。そして、この時点で情報の守秘について話をしておく。

『マイライフストーリー』を使うこと

　『マイライフストーリー』の鍵となるコンセプトは、子どもの考えを「埋められた宝物」になぞらえているところにある。その宝物は、価値があるが掘り出すのが難しいものになっている。そのプログラムは多くのエリアと作業から成り立っていて、宝の地図の上でそれぞれのエリアがすべてつながっている。一連の作業とワークシート記入は画面上で行われ、CD-ROMには、画面以外での場所で使うための印刷用のワークシートも含んでいる。

　CD-ROMはたくさんの項目を含んでいて、それぞれ子どもの人生のさまざまな側面に対応でき、子どもの人生や人間関係の重要な項目を記録するための枠組みが含まれている。ある項目では、重要な思い出と大変だったことについて振り返り、また別の項目では、子どもの好き嫌いや、さまざまな感情を知るものがあったり、子どものスキル、学力や能力を見るものもある。また、子どもたち自身が恐れや心配ごと、または強く望んでいることや、尋ねたい疑問点を明確にする作業が含まれている項目もある。

　ライフストーリーワークは、子どもや援助者によってライフストーリブックを保存し、振り

返り、更新しながら作られ、発展と修正が長く続くことが目指されている。『マイライフストーリー』は、2つの方法でこの方針を反映させている。1つ目は、すべてのデータがプログラムに入力され、コンピュータやフロッピーディスクに保存出来るようにしていることである。これらの記録媒体では、更新や変更、追加の作業が可能になる。2つ目は、各ページがA4サイズに収まる形で印刷され、書類ファイルに綴じ込めるようにしていることである。

『マイライフストーリー』についてのさらなる情報はwww.information-plus.co.ukを参照のこと。

『インマイシューズ』(*In My Shoes*)

リサ・ビングレイ・ミラー（Lisa Bingley-Miller）

『インマイシューズ』は、コンピュータのソフトである。このソフトによって、子どもと傷つきやすい大人たちは、潜在的に抱える悩ましい出来事や人間関係についてコミュニケーションしやすくなる。広範囲にわたり検証されたことで、さまざまな状況で使えることが示されている。虐待を受けた可能性がある子ども、感情表現がうまく出来ない子ども、物事に取り組むことが苦手な子ども、もしくは発達の遅れやほかに障害がある子ども、このような子どもへのインタビューが含まれている。また、学習に困難のある大人とのインタビューでも効果的に利用されている。

『インマイシューズ』は、画像、音声、セリフ、ビデオを使用する。これらのモジュールを通じて、家庭や教育場面やそのほかの環境における他者へ、自身の体験と感情についての情報を伝えられるように促される。インタビューは構造化されていて、システマティックで、わかりやすいものになっている。

『インマイシューズ』の開発には、法律的な事柄への配慮がなされている。そして、各テーマごとにコミュニケーションを促進できるように焦点づけられており、その際、誘導的な質問は行われないようになっている。

そのプログラムは、訓練を受けた大人であれば、構造化されたインタビューによって、子どもの立場で援助やガイド、相互交流が進むように作られている。3通りのインタビューの手法から情報を得られる。そのインタビューは、コンピュータを使って質問と回答を繰り返すだけではない。プログラムの特徴として、話すことが苦手な子どもたちが、適切なサポートのもとで、プログラムに含まれている手法を利用して、自分たちの経験や感情を表現する糸口が提供される。

『インマイシューズ』は、子どもがワークに熱心にかかわり、子どもと面接者の間に信頼関係を築くための素晴らしい方法である。そのプログラムは独自の方法でコミュニケーションを促し、インタビュアーに質問の仕方を教えてくれる。インタビューのときに、デリケートな話

題に触れたり、あるいは、情報共有を促すような機会を最大限提供してくれる。これによって子どもたちは、彼らの経験、思考、感情、願望についてコミュニケーションしやすくなる。また、広範囲に渡る詳細な対話の記録と、後に利用可能で、話題に取り上げることが出来るたくさんの情報を提供してくれる。

『インマイシューズ』はどんな状況で役立つのか？

『インマイシューズ』はさまざまな状況で役に立つ。たとえば、

- 子どもに、自分の経験や、思考や、感情や、希望について話しやすくさせる
- 子どもに、現在や以前の家族、そのほか世話を受けていた環境での生活の経験を話しやすくさせる
- 里親委託されることや養子縁組した家庭に移り住むことについて、子どもの願望や感情を知る
- ライフストーリーワークのための情報を収集するときや、ライフストーリーブックを編集する時
- 子どもとこれから養親になろうとする人たちが、家族になるプロセスを支援する
- 重大な危害や虐待やネグレクトを受けた可能性をアセスメントしやすくしてくれる
- 子どもが自分の生まれた家族との関係を回復するための、アセスメントと計画作りへの寄与
- 入院中の子どもたちを含めて、過去や現在の苦痛や不快について話し合う時
- きょうだいたちのニーズをアセスメントする時
- 子どもと一緒に学校での学習、友情、先生たちとの関係について話し合う時
- 学習に困難のある子どもや、聴覚障害のある子どもたちとコミュニケーションを取りやすくする
- 集中力に問題を抱える子どもたちへの支援
- 1対1の面接が難しい思春期の子どもたちと取り組む
- リービング・ケアについて若者と話す時
- 傷つきやすい大人と話し合う時

『インマイシューズ』は誰が使えるのか？

子どもたちのインタビューに携わる専門職なら誰でもそれが役立つだろう。それは、心理学者、ソーシャルワーカー、児童精神科医、そのほかの精神保健福祉にかかわるスタッフ、医療従事者、教育関係者、司法の専門家によって使用されてきた。『インマイシューズ』は、子どもたちや若者に直接かかわる実践家や臨床家の技術を高めてくれる。

『インマイシューズ』を使うために、コンピュータに必要な機能は何か？

『インマイシューズ』を使うためには、Windows2000以降の、サウンドカードがついているパソコン（かラップトップのパソコン）または、OS X.2以降のMacintoshが必要になる。ソフトウェアはCD-ROMで提供している。

トレーニング

専門家は『インマイシューズ』を効果的に使えるようになるためのトレーニングが必要である。演習を基礎とした2日間のトレーニングコースがある。トレーニングは2日連続で行われるわけではなく、何週間か時期を分けて行われる。トレーニングを受ける人は、その間に、ワークをする場面で『インマイシューズ』を試験的に使える。『インマイシューズ』のプログラムは、トレーニング受講が必須となり、プログラムのみを入手することは出来ない。

さらなる情報やトレーニングの申し込みの連絡先：

Liza Bingley Miller, National Training.

　メールアドレス　Liza.miller@btinternet.com

　連絡先住所　Child and Family Training Services, PO Box 4205, London W1A 6YD

　電話番号　01904 633417

ライフストーリーワークを終えて

大人になった君への手紙（Later life letter）

　大人になった君への手紙は、新たな試みではない。イギリスでは、30年以上にも渡って、よい養子縁組の実践の一部として採用されてきており、養子縁組機関規則（Adoption Agencies Regulation）上、必要なものと位置づけられ、ライフストーリーワークの一部として、その重要性が強調されている。

　大人になった君への手紙は、（イングランドおよびウェールズの）2005年養子縁組機関規則別表5（Schedule 5, The Adoption Agencies Regulations 2005）によって、今や必須のこととされている。第8節には、「養子縁組機関によって、養親となる見込みの者に、その子どものライフストーリーブックと大人になった君への手紙が手渡された日」という記述がある。イギリスのほかの地域では、法律上必須とはされていないものの、大人になった君への手紙は、よい実践とみなされている。

　大人になった君への手紙は、手紙という形で、養子縁組される時点までに子どもの人生に起こったことを説明する機会である。こうした出来事を詳細に説明することによって、子どもが、なぜ、元の家族ともはや一緒に暮らすことが出来ないのかについて、理解できる機会とすべきである。子どもの元の家族についての事実を伝えることで、子どもが家族について抱く可能性のあるファンタジーを取り去ることが出来るし、現実を知ることによって、「私のせいでこう

なったんだ」といったような、否定的な考えを取り去る助けともなる。

どのようにしてこのような事態に至ったのかということを理解していくのには、長いプロセスを要するかもしれないが、大人になった君への手紙は、このプロセスを促進するための1つの方法なのである。

手紙はどのように書かれるべきか？

2002年養子縁組・児童法（Adoption and Children Act 2002）の指針では、手紙の内容は、「将来、思春期・青年期になったときに、自分の血縁家族について知ることが出来るよう、十分詳細であるべき」とされている。里親担当ワーカーのなかには、青年向けの手紙と合わせて、思春期にさしかかった頃の子ども向けにも、別途手紙を書くべきだと主張する人もいる。こうすることに有効性があったとしても、時間が切迫している状況下では、どれだけ現実的に可能か私たちは疑問に思っている。

以下を、手紙の構成として提案する。全体的にみて、手紙の要素は、知られている事実にもとづいて決められるべきであるが、たとえば緊急保護命令が出された理由など、なぜそうなったかという説明もある程度必要となる。また、あとになって、説明が正しくないことが判明する可能性もあるので、仮説を述べないことも重要である。

2002年養子縁組・児童法の指針では、「機関が適切だと判断した場合は、子どもの血縁家族に、自らわが子への手紙を書くか、機関が書く手紙に協力を求めることが出来る」と示されている。子どもが生まれた家族から、手紙を完成するために支援やサポートが提供されるならば、これは、すばらしい方法だと言えよう。

私たちは、以下の各項目を枠組みとして、「うまく組み合わせて」用いている。

手紙を書く理由

私がこの手紙を書くのは、里父母さんから、すでに何年もかけて説明されてきたことだとは思いますが、あなたが、どのようにして今の里父母と一緒に暮らし、親子のきずなを結ぶことになったかを、あなたに知らせるためです。

出生に関する情報

あなたは○年○月○日に、リーズにあるセントジェームス病院で生まれました。生まれたときの体重は……

生みの親に関する情報

あなたの生みの母親は、ギラン・ロバーツです。あなたを生んだとき、18歳でした。

あなたの生みのお母さんの誕生日は……

（人柄や、外見、仕事などの詳しい説明を含む。母親自身の生まれた家族についても簡潔に説明する）

生みの父親

　生みの母親と同様の詳細。もし、どこの誰かがわからない場合は、確認された項目とその情報源を書く。

生みの親の相互関係についての詳細

　　２人は結婚していたのか、同棲していたのか、離婚したのか……

　生みの親が、２人の間にもうけた子ども（すべてのきょうだい）の詳細や、消息を含むこと。

　生みの親が、それまでにもうけた子どもや、その後もうけた子ども（義理のきょうだい）の詳細や消息を含むこと。ライフストーリーブックの家系図を参考にする。

　私たちの経験では、養子縁組された人は、あとになって、養子縁組によって別れることになったきょうだいについての苦悩や喪失感を抱くことがある。

なぜ養子縁組されることになったのかについての説明

　この部分は手紙でも難しいところである。この段階までにすでに書かれているさまざまなレポートに含まれているたいせつな情報の詳細を、たくさん盛り込みたいという誘惑にかられるからである。細々とした事実を書き込みたいという誘惑に打ち勝つことは、賢明なことといえよう。というのも、養子縁組された人が自分の出生の記録を見たいと言ったときに、カウンセリングを通して告げられる方がよいこともあるからだ。ここでの目的は、養子縁組の時点までに起こった出来事についてわかるようにすることである。それにもかかわらず、子どもの背景が複雑であるために、必然的に手紙が何ページにも渡ってしまうことはあるだろう。ヴェラ・ファールバーグ（Vera Falhberg）が、課題は、現実からその人を守ることではなく、その人が現実を理解することの一助となることだと考えていたのは、有益な指針を示していたといえる。年表がすでに完成しているとしたら、それが有効な出発点となるだろう。それはちょうど、ライフストーリーブックにおいて、生活年表が有効な出発点となるのと同じことである。

　生みの親自身の子ども時代についての情報を入れることが有効であることがわかっている。とりわけ、両親が適切に親としての務めを果たせなかったことと、両親の子ども時代が関係している場合にはそうである。次に、その子どもが、生まれた家庭から引き離されることになった出来事についての情報を入れる。ここは難しいところである。たとえば、もしその子が性的虐待を受けたのだとしたら、それを手紙のなかでどのように説明できるだろうか？　養子縁組された人は、１人でその手紙を読むのではないということを意識してほしい。その手紙は、里

親の手を通して子どもに手渡されるのである。里親は、生じるであろう問題を意識しているはずだ。起こったことを、美化しないことが重要である。そんなことをすれば、誤解につながる。とりわけ、その子が自分の元の家族から引き離された明確な理由がある場合には、きれいごとにしないことがたいせつである。養子縁組された人の、のちの人生での安全を確保することが大事ならば、生まれた家庭についての信頼できる情報を提供することは、きわめて重要なことである。それでもなお、正確な事実を伝えないことが適切である場合もありえるだろう。私たちはいつも、以下のような書き方をしている。

> あなたは、生みのお母さんのパートナーであるリーに傷つけられました。あなたを診察した医師は、非常に心配し、ただちに子どもを保護する仕事に経験豊富なソーシャルワーカーに連絡を取りました。ギラン（生みの母）は、リーと暮らし続けたいと望みましたので、もしあなたが親元に戻れば、再び傷つけられる危険がありました。リーは、あなたを傷つけたことにより、警察に身柄を拘束され、刑務所に行きました。

私たちは、生活年表上にある出来事を、まるでおもちゃのブロックを積み上げていくようにして、手紙を完成させている。手紙の下書きが出来たら、その内容について、このワークに熟練した経験のある人と話し合い、適切に手直し、修正することが重要である。

手紙の終わり

手紙を終えるにあたっては、養子縁組支援サービス（Adoption Support Service）にコンタクトをとって、必要ならば支援や助言を受ける機会があることを知らせるべきである。

> この手紙によって、あなたが子どもの頃、生まれた家族と一緒に過ごしていた頃に何が起こったかを理解できるとよいと思います。将来あなたは、この手紙に書いてあることよりも、もっと詳しいことを知りたいと思うかもしれません。私がこの手紙を書いている今現在、あなたは、元気な4歳児で、里父母と一緒に幸せで満ちたりた生活をしています。里父母は、あなたのそばにいて、成長していく過程であなたが尋ねるであろう質問に答えてくれるでしょう。あなたが18歳になったとき、社会福祉局のファイルを見せてもらうことが出来ます。それを見れば、養子縁組されるまでのあなたの人生の記録が書かれています。もし、18歳になるまでに、あなたがもっと知りたいと思ったら、里父母に頼んで、私たち養子縁組支援サービスに連絡を取ってもらってください。何らかのお手伝いが出来るかもしれませんので。

養子縁組によって離れ離れになったきょうだい間の接触を保つこと
　多くの家族は、さまざまな理由により、養子縁組のために離ればなれになる。おそらく、子どもたちを離した方が、養子縁組が成功する可能性が高まるからであろうし、きょうだいが多い場合には、すべての子どもをまとめて面倒をみてくれるような家庭を見つけることが出来ないからであろう。里親のなかには、ほかのきょうだいと会わせ、きょうだいの状況を知らせながら養育できる人もいるが、こうしたことが出来ない場合や、望ましくない場合もある。こうしたことが実施できない場合には、「郵便ポスト」を介して、機関が取りまとめたニュースレターによる接点がもてるかもしれない。それぞれのきょうだいや里親は、投稿することが出来、取りまとめられたニュースレターは、すべてのきょうだいや、可能であれば、生まれた家庭にも送られるだろう。

18 日本の課題

　17章までの翻訳内容を受けて本章は、日本でライフストーリーワーク（以後、ワークという）を活用していくために、解説文として、オリジナルに作成したものである。以下に、❶ワークの意義、❷ワークを行ううえでの日本とイギリスの状況の違い、❸日本での実践のための環境条件、について大阪ライフストーリー研究会のこれまでの研究成果よりまとめた。
　（❶および❸については、2008年度明治安田こころの健康財団研究助成論文*に発表したものを才村眞理が修正した。）

1 ワークの意義

生まれた家族から離れて暮らす子どもへのワークは、以下の意義をもつことが考えられる。

① 子どもがこれまでの生い立ちを知り、空白部分を埋めることにより、アイデンティティの確保につながる。
② 子どもがこれまで受け身だった人生から、自分が人生の主体になることができる。つまり、エンパワメントであり、「子どもの権利擁護」につながるものである。
③ 子どもと実施者との信頼関係が出来ることにより援助の質の向上が期待できる。

　たとえば、①の例としては、「実のお父さんの顔を見たことがない」「アルバムが1冊もないから作りたい」「前に入所した施設に行ってみたい」等があり、子ども自らがアルバムづくりに興味をもったり、生い立ちを整理したいという子ども自身のニーズに応えることが出来るものである。ワークを開始するうえでの準備物としては、以下のものが考えられる。たとえば、「ライフストーリーブック」、家系図、外泊中に撮った自宅にいる家族の写真、以前に入所していた施設をイメージしやすくするための施設のパンフレット、もらった表彰状や過去の記念になるもの、等。
　②の例としては、実施することにより、以下の子ども自身の感想があった。実父と子どもの再会が実現するなど実際的な子どもの空白を埋める作業が達成された場合、「自分の住んで

いた場所や今の家族の現実の状況を知ることが出来たことをわたし自身がうれしいと思えた」「家族や施設のことを自分がワークのなかで、たくさん話せたのがよかった」などである。これは子ども自身の過去を否定されるべきものととらえるのではなく、肯定的に話してよいのだという承認の感覚を子どもにもたせる効果があったと思われる。また、自分のことを取り扱ってもらえることで、自分を誇りに思う気持ちが芽生える、また怒りをある程度言語化できたことでこれまで出せなかった甘えが出せた場合や、子どもの頑張ってきた部分を周りだけでなく子ども自身でも評価でき、子どもの自己覚知や自尊心の高まりになったなどの子ども自身への効果があったと思われた。

次に③の例として、「子どもが真実を知りたがっているということが実感としてわかった」「子どもが基本的なことを知らないままいることに気づいた」「子どもが抱いていた怒りの大きさを再認識することになった」等の実施者側の子どものニーズへの気づきを確認することができた。これは援助の質の向上につながることが期待できるものである。また、派生効果として、ワークを行うことによって、知らなかった事実も知ることができるようになった例もあり、協力してもらった母親と実施者との心理的距離が近くなる効果も期待できる場合がある。

2 ワークを行ううえでの日本とイギリスの状況の違いおよびアンケート結果について

ワークを日本の里親や施設で暮らす子どもたちに実際に行うことを考えてみると、日本とイギリスでは大きな違いがある。法律、児童福祉制度、知る権利への考え方や取り組み方、子どもたちの意見表明への教育上の取り組み、昔からの文化・風習、親子関係のあり方など、全く違うといえよう。しかし、日本でも「子どもの知る権利」は少しずつ、浸透してきていると思う。また、現に才村がライフストーリーワークについての講演後に行ったアンケート結果（後述）では、「親が反対しても子どもにまつわる真実は知らせるべきである」という回答が全体の約35％も占め、また「ライフストーリーワークをさっそく実施したい」と「少し学んでから実施」を合わせて全体の約80％の方がワーク実施へ意欲を見せる回答している。このことから、日本とイギリスとはワーク実践の土壌としては違った環境にあるものの、ワークの趣旨に共感する児童福祉関係者を中心に本書を参考にしながら、今後こうした取り組みが広がっていくものと考えられる。以下に日本とイギリスとの違い、およびアンケート結果について記述した。

1 イギリスでのワークの実践

イギリスでのワークの実践について、2009年に大阪ライフストーリー研究会がイギリスより招聘したBAAFのスタッフによる講義内容より抜粋して、以下に説明する。

ワークを実践することで、子どもが自身のライフストーリー、つまり自分の人生の物語のなかにはよい時も悪い時もあり、その両方が大切だということを理解します。過去と現在のつながりを知ることによって、子どもたちが、未来へ進むことが出来るのです。なぜ、ワークをする必要があるのか？　それは、子どもたちの３つの質問、「私って誰？」「私はどうしてここにいるの？」「これからどうなるの？」に応えるためです。子どもたちの過去と現在と未来をつなぐことが大切だからです。

　イギリスでは養子の人たちが養子支援機関に自身のルーツを求めて訪れることが多く、まず1976年養子法により、養子の人たちが自身の生い立ちを知る権利が確保されました。その後生まれた家族から離れて里親宅や施設でくらすようになった子どもたちに対しても、過去をもっとオープンにするという考えが広がってきました。そして1989年児童法（日本で言う児童福祉法）により、すべての社会的養護のもとに育つ子どもたちにワークをしなければならないとされたのです。もちろん子どもに強制されるものではありません。しかし、ソーシャルワーカーの側が担当の子どもにワークをやらないということは出来ないのです。

　過去を知らないと不安や恐怖心がどんどん大きくなっていくこともあります。どうして自分がこの場にいるのかを知らないままだと子どもたちは、自分のせいで生まれた家族と暮らすことが出来なくなったと考えるかもしれません。ワークは子どもたちに、情報や事実を返してあげることであり、自分の話を聞いてもらえる時間を確保されることで希望や願望は何なのかを考えられるようになるのです。単にアルバムやブックを作るのが目的ではなく、プロセスそのものが大切であり、ワークはまさに、ソーシャルワークの一環です。このワークをすることにより、「レジリエンス」、つまり回復力、柔軟性を高めることが出来るのです。つまり、知ることで、自分の人生を自分のものにすることが出来るのです。

　本来、不安定な時期であるため、このワークを思春期に行うのは、よくないとされています。むしろ、幼児のころから早期に行うべきです。まず、ワークを行うにあたっては、これを行うことがその子どもにとって必要であるというアセスメントを行い、ワーク計画会議により、チームワークをもって実施することが大切です。そのほかには実施するためには子どもとの信頼関係が必要ですし、また必ずといってよいほど子どもからの試し行動が起こることに対し実施者は準備しておかなければなりません。

イギリスでは、法律によってワークを実施する基盤が出来上がっており、子どもの知る権利を保障するという考え方が浸透しているといえる。ワークを行う土壌という点では、日本の状況はイギリスの40年前のような状況であると、BAAFのスタッフから言われた。日本ではワークの実施について、法律やシステムが確定していないし、子どもの過去を知る権利すら、児童福祉にかかわる専門職にコンセンサスが得られていないのが実情である。また、国連子どもの権利条約では、生まれた家族から離れて暮らさなければならない子どもたちは、まず里親や養

子縁組の可能性を検討し、最後に施設入所の方法をとるように謳われているが、日本ではほとんどが施設での養護となっている点でも違いがある。逆に、イギリスでは家庭的養護が大半で、里親宅での養護により、個別ケアが行いやすい状況である。また、イギリスのBAAFではワークはソーシャルワークそのものであり、心理療法とは異なる、したがってソーシャルワーカーが実施するものとの説明であったが、私たちは、ワークの実施者は、ソーシャルワーカーだけでなく、心理職もワークの実施者と考えている。イギリスでは、ソーシャルワークと心理療法のアプローチが明確に区分されているが、日本ではそれぞれが未だ発展途上にあり、新たなアプローチの開拓の余地があること、また、大阪ライフストーリー研究会でワークについて学ぶにつれて、ワークにもセラピューティックな要素が含まれているように思われること、等が理由としてあげられる。このような日本の状況には、多くの課題はあるものの、日本でワークを導入することは、子どもにとって非常に価値のあることだと思われる。

2 アンケート結果からみる日本の実態

才村眞理による「ライフストーリーワーク」の講演会後に、児童福祉関係者に対してアンケートを取った。その結果は以下の通りであった。

【実施日時】 2009年11月、2010年6月、7月の3回
【アンケートの目的】 科学研究費補助金助成により、子どもの知る権利擁護の実態について調査し、日本の児童福祉施設等でのライフストーリーワークの実践のニーズ調査を行う。
【対象】 児童相談所職員、児童福祉施設職員、里親 計93名
【アンケート内容とその結果】 アンケートは以下の通りであった。なお、結果についてはプライバシーに配慮し、平成21・22年度文部科学省の科学研究費補助金による「子どもの知る権利擁護におけるライフストーリーワークのあり方」の研究への使用について了解を得た。

1 職　種
　　A　児童福祉司　39　　　B　児童心理司　14　　　C　保育士　9
　　D　児童指導員　7　　　E　里親（養親）　14　　　F　その他　11

2 児童福祉分野での経験年数（記述なし　7）
　　A　1年未満　11　　　B　1年以上5年未満　30
　　C　5年以上10年未満　25　　　D　10年以上　20

3　施設入所した、里親委託、養子縁組した、子どもの知る権利について、どう思いますか？
　　（複数回答あり）

　　A　親が反対しても子どもの入所や出生の事情は知らせ
　　　　るべき　　33（約35％）
　　B　親に同意を得てできるだけ子どもにまつわる事実を
　　　　知らせるべき　　38（約40％）
　　C　子どもへ知らせる事実については慎重にしなければ
　　　　ならない　　14（約15％）
　　D　その他　　9（約10％）

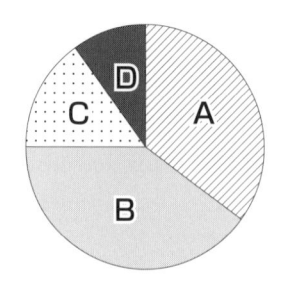

4　ライフストーリーワークについて、どう思いますか？（複数回答あり）

　　A　早速子どもに実施したい　　17（約18％）
　　B　もう少し学んでから実施したい　　55（約58％）
　　C　現状では実施は困難である　　10（約10.5％）
　　D　今後も実施は困難である　　0（0％）
　　E　すでに実施している　　3（約3％）
　　F　その他　　10（約10.5％）

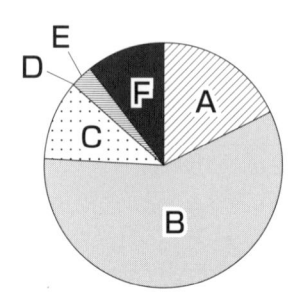

5　本日の研修内容についてのご感想、その他何でもお書きください。（自由記述の一部を以下に紹介）
　　子どもがしょっちゅう施設にいた時の写真を見たがる理由が少しわかった。
　　すでにやっているのでどうまとめようかと思っていた。
　　今は自信ない。
　　必要性を感じており、どう実施したらよいか悩んでいた。
　　個別性をもたせた実施も可能と聞けてよかった。
　　思春期はよくない、早い時期にやることが望ましいとわかった。
　　ワーカーの時間的制約が大きい。
　　ただやればよいのではなく、フォロー体制が大事。
　　知る権利もあれば知らない権利もある。
　　真実告知よりも自分にとって大事な大人と一緒に自分のルーツを得ることが大事。
　　人生を左右する大きな、難しい作業で、慎重にならざるを得ない。
　　「信頼される大人」という言葉が印象に残った。
　　実施するためのアセスメントが重要。タイミングが難しい。
　　生まれてきてよかったと思えることが、人生を前に進む大きな力となる。
　　伝える側がしっかりする必要がある。
　　がん宣告に似ている。

権利性だけでなく、必要性が知りたい。
　実施体制が不十分である。

　このアンケート結果をみると、ワークの必要性についての講演後という条件設定があったからともいえるが、「親が反対しても子どもの入所や出生の事情は知らせるべき」が約35％の回答であり、子どもの知る権利について知らせる意欲が非常に高い数値となった。「親に同意を得てできるだけ子どもにまつわる事実を知らせるべき」は約40％であり、合わせるとほとんどが子どもにまつわる真実については、知らせるべきとの回答だった。また、ワークについては、「もう少し学んでから実施したい」がおよそ6割を占め、「今後も実施は困難である」の回答者はゼロという結果をみると、実施に対して意欲的な回答者が多く、今後日本での実施への可能性は期待できると思われた。自由回答のなかには、プラス評価の内容が多かったが、なかには「知らない権利」や「実施体制が不十分」「自信のなさ」を記述した人もおり、今後検討していく必要があると思われた。

3　日本での実践のための環境条件

　ライフストーリーワークを日本で実践していくためには、次ページの図に示すような環境条件が必要ではないかと思われる。この図は縦軸を「子どもの意欲」、横軸に「実施者の質」を置き、両方確保できないとワークは出来ないとした。そしてワークができない状態からできる状態にする、つまり図でのA→Bへ移行するには、「1どのように克服するか」で、また、D→Bへ移行するためには、「2どのように克服するか」で提案を入れている。

　日本で実践するためには、イギリスのように基本的に実施者をソーシャルワーカーに限定することはできないと思う。日本の児童福祉現場の人員不足の状態のなかで、必要を感じた児童福祉の現場職員が児童相談所や施設、あるいは里親と連携して行う方法が考えられる。子どもとの信頼関係がなければ実施できないが、しかし、措置機関である児童相談所の児童福祉司がこのワークに積極的でないと実施は困難である。なぜなら、子どもが入所や委託に至った事情や事実、親の了解を取る作業もすべて児童福祉司がカギを握っているからである。昨今、児童虐待事案が非常に多くなってきているなかで、児童福祉司のみにこのワークの実施を期待することは困難で、児童心理司や施設の保育士、児童指導員、ファミリーソーシャルワーカー、里親、養親等が児童相談所と連携して実施する方が現実的かもしれない。

　まだ、日本におけるワークはスタート地点に立ったばかりで、それをスーパーヴィジョンできる体制も整っていないが、マニュアルや指導者養成講座などを検討していく必要があると思われ、大阪ライフストーリー研究会では今後それらの実現を目指していく計画をもっている。

図 （縦軸）子どもの意欲：積極的 ⇔ 消極的・拒否
（横軸）実施者の質：未熟・不安 ⇔ 熟練・安全

- **A　実施側の問題**
  - ［力不足（知識・技術）］
  - ［覚悟不足（価値観・倫理）］
  - ［環境要因（施設・児相の連携）］

- **B　ライフストーリーワークの実践**
  - ［アイデンティティの確保］
  - ［子どもの権利擁護］

- **C　実践不可能**
  - ［リスク診断］

- **D　子ども側の問題**
  - ［抵抗が大きい］
  - ［トラウマが大きい］
  - ［子ども自身が「感情を扱えない」状態］
  - ※保護者の要素

1 どのように克服するか　ブックの使用（A→B）
2 どのように克服するか（D→B）

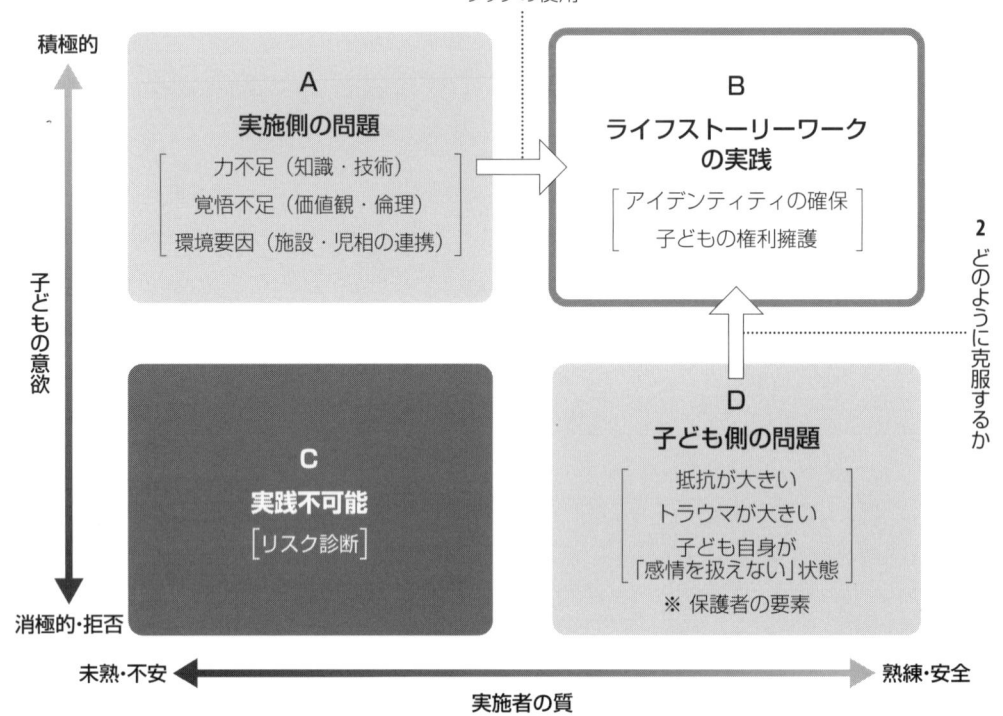

　Aは、実施者が未熟で不安があるが、子どもはワークに積極的である場合である。この場合は実施側の問題があり、ワークがうまく行えない状態である。

　Bは、実施者も熟練しており、安全の場が確保され、子どもは積極的にワークに取り組んでいる状態である。

　Cは、実施者も未熟であり、子どももワークに乗らない状態で、ワークの実施は不可能である。リスクの診断が必要となる。

　Dは、実施者は熟練しており、ワークを行う安全な場が確保されているが、子ども側に問題があるため、子どもがワークに消極的あるいは拒否をしている場合である。

1 どのように克服するか　A→B

　実施側の問題として実施者の質の確保が考えられ、そのためにはソーシャルワークの知識・技術・価値・倫理の確保が重要である。また、環境要因としては子どもの措置機関としての児童相談所と子どもの生活する児童福祉施設が連携することが重要である。この実施者の質の確保を補うものとしてブックの使用が考えられる。

2 どのように克服するか　D→B

　子どもの側の問題としては、実施の抵抗が大きいことやトラウマが大きいため実施できないなどがあるが、実施のまえの準備期間が必要な場合や心理療法が必要な場合、保護者との関係を調整する必要がある場合などである。

＊『社会的養護にある子どもへのライフストーリーワーク──施設入所している子どもの自叙伝づくりをサポートする方法』（財）明治安田こころの健康財団研究助成論文集　通巻第44号2008年版　2009年10月発行　pp.171-178を加筆・修正

引用文献

Northern Ireland Foster Care Association (1984) *Life Books for Children in Care*, Belfast: Northern Ireland Foster Care Association

Barn R (1999) *Working with Black Children and Adolescents in Need*, London: BAAF

Betts B and Ahmad A (2003) *My Life Story* (CD-ROM), Orkney: Information Plus

Cairns K (2002) *Attachment, Trauma and Resilience: Therapeutic caring for children*, London: BAAF

Camis J (2001) *My Life and Me*, London: BAAF

Commission for Social Care Inspection (2006) *About Adoption: A children's views report*, London: Commission for Social Care Inspection

Cousins J (2006) *Every Child is Special: Placing disabled children for permanence*, London: BAAF

Donley K (1981) *Opening New Doors*, London: BAAF

Harris P (ed) (2006) *In Search of Belonging: Reflections by transracially adopted people*, London: BAAF

Jewett C (1979) *Adopting the Older Child*, Boston, MA: Harvard Common Press

Pallett C, Blackeby K, Yule W, Weissman R and Scott S (2005) *Fostering Changes: How to improve relationships and manage difficult behaviour*, London: BAAF

Schofield G and Beek M (2006) *Attachment Handbook for Foster Care and Adoption*, London: BAAF

もっと学びたい人のために

Adoption & Fostering, BAAF's quarterly journal
ライフストーリーワークと、ワークに関連する有用な記事が頻繁に更新されている。年刊目録が出版される。

Adoption & Fostering 29:1 spring 2005, special edition on listening to children
Caroline Thomas and Negel Thomas を客員編集者として迎え、養子縁組と里親に関する特集が組まれ、子どもの話を聞くことについての話題が探求されている。

Archer C (1999) *First Steps in Parenting the Child who Hurts: Tiddlers and toddlers*, London: Jessica Kingsley
Archer C (1999) *Next Steps in Parenting the Child who Hurts: Tykes and teens*, London: Jessica Kingsley
実践に極めて役立つ2冊。幼少期の不運が生理学的・心理学的にもたらす影響について、最近の研究が記載されている。

Bowlby J (1982) *Loss, Sadness and Depression*, New York, NY: Basic Books
ボウルビィの愛着と対象喪失についてのすべての業績は、定期的に更新される必要がある。彼は不当に過小評価されるか、不当に美化されている。彼の研究には不備もあるが、非常に有益であることが証明されてきている。

Briere J (1992) *Child Abuse Trauma: Theory and treatment of the lasting effects*, Newbury Park, CA: Sage Publications
児童虐待とトラウマに関する本格的な研究によって構成されている、重要なテキスト。

Brodzinsky A, Smith D and Brodzinsky D (1998) *Children's Adjustment to Adoption: Developmental and clinical issues*, Thousand Oaks, CA: Sage Publications
Brodzinsky D (1984) 'Children's understanding of adoption', *Child Development*, 55, pp869–878
ブロージンスキーによる、さまざまな年代の子どもが養子縁組をどう理解しているかについての詳細な研究。

Cairns K (2002) *Attachment Trauma and Resilience: Therapeutic caring for children*, London: BAAF
きわめて強いストレスにさらされて生きてきた子どもの生活の現実について検討がなされている。このよう

な体験を理解する際に役立つ理論や研究が取り上げられており、養育者や援助者によって、子ども達の回復とレジリエンスを促進させる方法が提案されている。

Clark A and Statham J (2005) 'Listening to young children: experts in their own lives', *Adoption & Fostering*, 29:1, pp45-56
組み合わせアプローチ（mosaic approach）について解説されている興味深い論文が収められている。

Commission for Social Care Inspection (2006) *About Adoption: A children's views report*, London: Commission for Social Care Inspection

Durant S (2003) *Outdoor Play*, Leamington Spa: Step Forward Publishing

Fahlberg V (1994) *A Child's Journey Through Placement*, London: BAAF
養子縁組についてのさまざまな側面について述べられた、非常に貴重なガイド。

Feast J and Philpot T (2003) *Searching Questions: Identity origins and adoption*, London: BAAF
養子縁組されたことがある大人、養子縁組を行う大人、生みの親のそれぞれを探し、再会した体験について検討された本とビデオ。

Gilligan R (2001, new edition 2007) *Promoting Resilience: A resource guide on working with children in the care system*, London: BAAF
社会的養護のもとにいる子どもの生活の質を高めるための実践的なアイディアがちりばめられており、レジリアンスが獲得されるための主要な関係性と状況設定について述べられている。

Grotevant H and McRoy R (1998) *Openness in Adoption: Exploring family connections*, Thousand Oaks, CA: Sage Publications

Hellett J and Smith G (2003) *Parenting a Child who has been Sexually Abused*, London: BAAF
少人数グループで実施される養子縁組を行う大人や里親養育者の訓練とディスカッションのために作られた本とビデオ。

Howe D and Feast J (2003) *Adoption, Search and Reunion*, London: BAAF
養親・生みの親探しと再会の過程についての研究。

Jewett C (1997) *Helping Children Cope with Separation and Loss*, London: BAAF/Batsford
悲嘆が子どもに与える影響について有用な議論が行われており、子どもと共に実施できる課題と、養育者へのアドバイスがある。

Karr-Morse R and Wiley M S (1997) *Ghosts from the Nursery: The origins of violent behaviour*, New York, NY: Atlantic Monthly Press
読みやすく、入手しやすい。また、比較的安価なこの本は非常にお勧め。幼少期早期の困窮に苦しんだ子どもが呈する、悩ましい問題がどこからくるかについて研究されている。

Kirk H D (1964) *Shared Fate*, New York: Free Press

Lacher D, Nichols T and May J (2005) *Connecting with Kids through Stories*, London: Jessica Kingsley
子どもと養子縁組をする大人の愛着関係を促進するために、治療的に物語を活用することについて述べられている。

Lindon J (2006) *Helping Babies and Toddlers Learn: A guide to good practice with under-threes* (second edition), London: National Children's Bureau

Morris J (2002) *A lot to say!*
Available free to download from www.scope.org,uk
コミュニケーションに障害のある子どもや若者に関わるソーシャルワーカー、パーソナルアドバイザーやその他の援助者のために役立つ無料サイト。

Morrison M (2004) *Talking about Adoption to your Adopted Child*, London: BAAF
養親向けの実践的なハンドブック。

Oaklander V (1978) *Windows to our Children: a Gestalt therapy approach to children and adults*, Boulder, CO: Real People Press
子どもや若者に関わる際に実践的で治療的なガイドで、トラウマが彼らの体験をどのように阻害しているかについて、詳しく知ることができる。子どもに関わるすべての専門職にとって価値のある本。

O'Malley B (2000) *Lifebooks: Creating a treasure for the adopted child*, Winthrop, MA: AdoptionWorks
注文は www.adoptionlifebooks.com
実践例が含まれており、概観が示されている。若干「アメリカ流」になっており、国際的な養子縁組向けに少しアレンジされている。

Plummer D (2005) *Helping Adolescents and Adults to Build Self-Esteem*, London: Jessica Kingsley
ライフストーリーワークにかかわりのある、複写可能な写真が収められている。

Prevatt-Goldstein B and Spencer M (2000) *Race and Ethnicity: A consideration of issues for black, minority ethnic and white children in family placement*, London: BAAF
実践ガイド。里親委託について、イギリスにおける法的枠組みと調査結果が記されており、実践活動についての検討がなされている。

Romaine M, Turley T and Tuckey N (2007) *Preparing Children for Permanence*, London: BAAF
新しく永続的家族に移る前に、子どもとの準備作業を検討しているソーシャルワーカー、養育者、親向けの実践的ガイド。

Rose R and Philpot T (2005) *The Child's Own Story*, London: Jessica Kingsley
ライフストーリーワークの計画と実施プロセスを支援するための有益な情報が含まれた、良質の概略が記されている。

Schofield G (2005) 'The voice of the child in family placement decision-making', *Adoption & Fostering*, 29:1, pp29-44
大人と接触することや措置について、子どもの視点に立ってどう理解すればよいかが述べられている、優れた論文。

Schofield G and Beek M (2006) *Attachment Handbook for Foster Care and Adoption*, London: BAAF
愛着の概念についての中核的な説明がされている、包括的なハンドブック。愛着理論を養子・里親家族の日常生活につなげるために、生き生きとした事例が用いられている。

Sgroi S (1982, new edition 1993) 'Treatment of the sexually abused children' in Sgroi S (ed), *Handbook of Clinical Intervention in Child Sexual Abuse*, Lexington, MA: Lexington Books
性的虐待についての話題が述べられている。信頼性アセスメント、被害者と家族のための対応と治療についてなど。1993年版では、医学的検査、男性の被害者、グループプレイセラピーについての新しい章が含まれている。

Smith G (1991) 'The unbearable traumatic past' in Varma V (ed), *The Secret Lives of Vulnerable Children*, London: Routledge

Smith G (1995) *The Protector's Handbook*, London: The Women's Press
子どもへのワークを計画する際に必読のハンドブック（絶版であるが、図書館で入手可）。

Smith G (2005) "Children's narratives of traumatic experiences', in Vetere A and Dowling E (eds) *Narrative Therapies with Children and their Families: A practitioner's guide to concepts and approaches*, London: Routledge

Sunderland M, Armstrong N and Hancock N, Helping Children with Feelings series, Brackley: Speechmark Publications
下記の多方面に渡る著作が含まれている。

Sunderland M and Hancock N (1999) *Helping Children with Low Self-Esteem*

Sunderland M and Hancock N (1999) *Helping Children who Bottle up their Feelings*

Sunderland M and Hancock N (2003) *Helping Children Locked in Rage or Hate*

Sunderland M and Hancock N (2003) *Helping Children with Loss*

Troyna B and Hatcher R (1992) *Racism in Children's Lives: A study of mainly white primary schools*, London: Routledge/National Children's Bureau
白人と黒人の子どもの小学校教育を受けている2年間に実施された、広範囲のインタビューに基づいて作られている。日常生活の出来事を踏まえ、子ども達の「人種」への意識がどのように生まれていくかについて、説得力のある説明が行われている魅力的な研究。

Van der Kolk B, McFarlane A and Weisaeth L (eds) (1996) *Traumatic Stress: The effects of overwhelming experience on mind, body and society*, New York, NY: The Guilford Press
子どもと成人のトラウマティック・ストレスが及ぼす影響についての考察が集められた論文集の決定版。

Wilson A N (1980) *The Development of Psychology of the Black Child*, New York: African Research Publication

Wolin S J and Wolin S (1993) *The Resilient Self: How survivors of troubled families rise above adversity*, New York, NY: Villard Books
「些細なことで大げさにふるまう」問題のある子どもとのつきあい方について、魅力的な概要がまとめられている。

もっと学びたい人のために

子どもと共に使う

ライフストーリーワーク用リソース

Betts B and Ahmad A (2003) *My Life Story* (CD-ROM), Orkney: Information Plus
子どもと若者とライフストーリーワークを実施する際に活用できる、対話型CD-ROM。

Camis J (2001) *My Life and Me*, London: BAAF
写真や他の文章などを入れる箇所が設定されている、彩り豊かなライフストーリーブック。
(『生まれた家族から離れて暮らす子どもたちのためのライフストーリーブック』〈福村出版、2009年〉として日本語版が出版されている:訳者注)

Fostering Network (1992) *My Book about Me*, London: Fostering Network
子どもがライフストーリーブックを完成するために。

Shah S and Argent H (2006) *Life Story Work: What it is and what it means*, London: BAAF
ライフストーリーワークがどのような意味があるかについての、子ども向けガイド。

ナツメグシリーズ
「ナツメグ」という名前のリスが養子縁組を経験し、その際の感情と体験について語られる、子ども向けの物語本のシリーズ。

Foxon J (2001) *Nutmeg gets Adopted*, London: BAAF
ナツメグときょうだいたちが生みの親から離れ、養子縁組される物語。

Foxon J (2002) *Nutmeg gets Cross*, London: BAAF
養子縁組される子どもたちが経験するであろう、いろいろと複雑な感情が取り上げられている。

Foxon J (2003) *Nutmeg gets a Letter*, London: BAAF
養子縁組にまつわる、大人との接触についてのテーマが見受けられる。

Foxon J (2004) *Nutmeg gets a Little Help*, London: BAAF
養子縁組された子どもに、直接ライフストーリーワークを使用することについての検討。

Foxon J (2006) *Nutmeg gets into Trouble*, London: BAAF
養子縁組された子どもが、学校で一般的に経験する困難などについて取り上げられている。

子ども向けのガイド
社会的養護のもとにいる子どもが出会う概念や言葉についての説明が、彩り豊かなイラストによって説明されている短編シリーズ。

Shah S (2004) *Adoption: What it is and what it means*, London: BAAF

Argent A (2004) *What is a Disability? A guide for children*, London: BAAF

Argent H (2004) *What is Contact? A guide for children*, London: BAAF

「私のストーリー」シリーズ
子ども向けに作成された、それぞれ異なった養子縁組のあらすじに基づいた絵本シリーズ。

Byrne S and Chambers L (1997) *Hoping for the Best: Jack's story*, London: BAAF
養子縁組がうまくいかなかった話。

Byrne S and Chambers L (1997) *Living with a New Family: Nadia and Rashid's story*, London: BAAF
きょうだいが養子縁組される話。

Byrne S and Chambers L (1998) *Feeling Safe: Tina's story*, London: BAAF
虐待によって里親ケアを受けることになった少女の話。

Byrne S and Chambers L (1998) *Joining Together: Jo's story*, London: BAAF
継親による養子縁組の話。

質問紙が含まれている書籍
子どもが自身について記入することができたり創造性を発揮できる書籍。

Mays R (1976) *Got to be me!* Niles, IL: Merrill Harmin, Argus Communications

Mays R (1977) *This is me!* Niles, IL: Merrill Harmin, Argus Communications

Striker S and Kimmel E (1978) *The Anti-Colouring Book*, London: Scholastic Publications

その他の子ども向けの書籍

Argent H (2007) *Josh and Jess Have Three Mums*, London: BAAF
子ども向けに、レズビアンあるいはゲイが養育と養子縁組を行う話が図解されている。

Foxon J (2007) *Spark Learns to Fly*, London: BAAF
子ども向けの、ドメスティック・バイオレンスにまつわる話が図解されている。

Griffiths J and Pilgrim T (2007) *Picnic in the Park*, London: BAAF
子ども向けの、多様な家族環境にまつわる絵本。

Kahn H (2002) *Tia's Wishes*, London: BAAF
Kahn H (2003) *Tyler's Wishes*, London: BAAF
養子縁組を待つ子ども向けに書かれた2冊の物語本。その際に起きる感情についての理解と、対処法の支援が意図されている。

Lidster A (1995) *Chester and Daisy Move On*, London: BAAF
養子縁組に移行する子ども向けの絵入りの本。

Showers P (1991) *Your Skin and Mine*, New York: HarperCollins
子ども向けの、さまざまな民族性にまつわる絵本

情報源

www.nspcc.org.uk/inform/howitis
障害のある子どもの、コミュニケーション支援のための画像や説明がダウンロードできる。感情や、権利、安全、身の回りの世話についてなど。

Listen Up from Mencap
〈メンキャップの話を聞いて下さい〉
障害のある子どもが、不満を伝えたり、物事について話し合うためのセット。

BAAFの出版物の注文と、その他これらの情報についての問い合わせは、すべての出版物リストを備えている、www.baaf.org.ukへアクセスのこと

もっと学びたい人のために

あとがき

　施設や里親宅、養親宅で暮らす子どもたちが、自分の生みの親の名前も知らなかったり、子どもの頃一緒にいた人が誰で、なぜ一緒に暮らしていたのかもよくわからなかったりする場合が少なくありません。思春期になって、「自分とは何者か」ということを模索しはじめる時に、自分の幼い頃のことや、自分が家族の元を離れて、なぜ施設で暮らさなければならないかについて、よくわからなかったり、納得できていない場合に、そのモヤモヤした気持ちを、周りの大人にぶつけたり、「思い出してもいいことがないに決まっている」と、荒れた行動に走ってしまう子どもたちもいます。

　私たちは、施設に入所中の子どもたちが、これまでの生い立ちを振り返ることを通して、自分自身がかけがえのない大切な存在であることを再確認し、未来に向かって力強く生きていくことを支援するための「ツール」を作りたいという思いから、2005年の暮れに、大阪ライフストーリー研究会を立ち上げました。

　研究会では、"*My Life and Me*" の翻訳を通してライフストーリーブックのイメージを描き、続いて、この "*Life Story Work : A practical guide to helping children understand their past*" を翻訳しながら、ワークの意義や目標、実施上の具体的な留意点、手法について学習を進めました。英国と日本では、法律も文化も、社会福祉制度も異なりますので、一読しただけでは、よくわからないところも多々ありました。また、「子どもの知る権利」と頭ではわかったつもりでも、実際には「こんなことまで知らせるのはちょっと……」と、大人の側が、情報の選別をしてしまう傾向も、かなり強いと自覚できました。その後 "*My Life and Me*" をもとに日本の文化習慣等を考慮して『生まれた家族から離れて暮らす子どもたちのためのライフストーリーブック』(才村眞理編著、福村出版、2009年) を刊行いたしました。

　イギリスでライフストーリーワークを実践している方にインタビューしたときには、「どんな事実であっても、知らせないよりは知らせるほうが絶対にいい」という信念に、感動もしたものの、戸惑いもした記憶があります。ただ、生殖補助医療で出生した事実を、成人になってから知らされたという方にインタビューしたときには、事実を隠されていたことによって、いったん確立したはずの「アイデンティティ」が、ガラガラと崩れたような喪失感を味わったとのお話もあり、事実を知らない、あるいは事実ではないことを知らされることが、その人の成長と成熟に、どれほど大きな影響があるのかについても思い知らされました。まさに、その人にとっての「真実」は、他人が是非を判断するものではなく、この世に生まれて生きているその人自身に属し、またゆだねられるものだということを教えられたといえるでしょう。

　施設を転々として育ち、自分がなぜ今ここで生活しているのかさえ知る術もなく、無力感に囚われてしまっている子どもたち。彼らが、自らのアイデンティティを確立し、自分なりに人

あとがき

生を切り開いていくには、その生い立ちの事実とそれに伴う自らの感情や思考の整理が不可欠です。本書は、施設で暮らす子どもたちや、里親家庭で育つ子どもたちにかかわる専門職であるメンバーが、「子どもの知る権利」を保障するために、そして子どもたちの成長発達を支援するために、出来ることを少しでもやっていきたいという思いから翻訳したものです。この本をお読みいただいた皆さんと、これから私たちが進むべき方向について、是非議論を深めていきたいと思います。

2010年11月

浅野 恭子

監 訳

才 村 眞 理（さいむら・まり）　武庫川女子大学発達臨床心理学研究所

浅 野 恭 子（あさの・やすこ）　大阪府立障がい者自立センター

益 田 啓 裕（ますだ・けいすけ）　あゆみの丘

訳 者

才 村 眞 理（さいむら・まり）　武庫川女子大学発達臨床心理学研究所　［はじめに・1］

宮 口 智 恵（みやぐち・ともえ）　NPO法人チャイルド・リソース・センター　［2・3］

奥 野 美 和 子（おくの・みわこ）　大阪府子ども家庭センター　［4・5］

益 田 啓 裕（ますだ・けいすけ）　あゆみの丘　［6・7・15］

渡 辺 治 子（わたなべ・はるこ）　NPO法人チャイルド・リソース・センター　［8］

浅 野 恭 子（あさの・やすこ）　大阪府立障がい者自立センター　［9・17］

新 籾 晃 子（あらもみ・てるこ）　大阪府子ども家庭センター　［10］

德 永 祥 子（とくなが・しょうこ）　日本財団　［11］

小 杉 　 恵（こすぎ・めぐみ）　大阪母子医療センター　［12・13］

神 木 亜 美（しんぼく・あみ）　大阪府子ども家庭センター　［14］

新 飯 田 友 弥 子（にいだ・ゆみこ）　大阪府子ども家庭センター　［16］

西 川 貴 美（にしかわ・よしみ）　大阪府子ども家庭センター　［16］

著 者

才 村 眞 理（さいむら・まり）　武庫川女子大学発達臨床心理学研究所　［18］

本文イラスト：林　美里

生まれた家族から離れて暮らす子どもたちのための
ライフストーリーワーク 実践ガイド

2010年11月30日　初版第1刷発行
2019年 2 月10日　　　第3刷発行

著　　者　　トニー・ライアン
　　　　　　ロジャー・ウォーカー

監訳者　　才村眞理
　　　　　　浅野恭子
　　　　　　益田啓裕

発行者　　宮下基幸

発行所　　福村出版株式会社
　　　　　〒113-0034
　　　　　東京都文京区湯島2丁目14番11号
　　　　　TEL 03-5812-9702
　　　　　FAX 03-5812-9705
　　　　　https://www.fukumura.co.jp

印　刷　　シナノ印刷株式会社
製　本　　協栄製本株式会社

© Mari Saimura, Yasuko Asano, Keisuke Masuda 2010
Printed in Japan
ISBN978-4-571-42033-7
定価はカバーに表示してあります。
本書の無断複製・転載・引用等を禁じます。

福村出版◆好評図書

才村眞理・大阪ライフストーリー研究会 編著
今から学ぼう！ライフストーリーワーク
●施設や里親宅で暮らす子どもたちと行う実践マニュアル
◎1,600円　ISBN978-4-571-42060-3　C3036

社会的養護のもとで暮らす子どもが自分の過去を取り戻すライフストーリーワーク実践の日本版マニュアル。

K. レンチ・L. ネイラー 著／才村眞理・徳永祥子 監訳
施設・里親家庭で暮らす子どもとはじめる クリエイティブなライフストーリーワーク
◎2,200円　ISBN978-4-571-42056-6　C3036

先駆的な英国リーズ市のライフストーリーワーク実践を、初めてでも取り組みやすく解説したワーク集の全訳。

R. ローズ・T. フィルポット 著／才村眞理 監訳
わたしの物語　トラウマを受けた子どもとのライフストーリーワーク
◎2,200円　ISBN978-4-571-42045-0　C3036

施設や里親を転々とする子どもたちの過去をたどり、虐待や親の喪失によるトラウマからの回復を助ける。

才村眞理 編著
生まれた家族から離れて暮らす子どもたちのための
ライフストーリーブック
◎1,600円　ISBN978-4-571-42024-5　C3036

子どもたちが過去から現在に向き合い、未来へと踏み出すためのワークブック。「使い方」を詳解した付録付き。

K. バックマン 他 著／上鹿渡和宏・御園生直美・SOS子どもの村JAPAN 監訳／乙須敏紀 訳
フォスタリングチェンジ
●子どもとの関係を改善し問題行動に対応する里親トレーニングプログラム【ファシリテーターマニュアル】
◎14,000円　ISBN978-4-571-42062-7　C3036

子どもの問題行動への対応と関係性改善のための、英国唯一の里親トレーニング・プログラムマニュアル。

C. パレット・K. ブラッケビィ・W. ユール・R. ワイスマン・S. スコット 著／上鹿渡和宏 訳
子どもの問題行動への理解と対応
●里親のためのフォスタリングチェンジ・ハンドブック
◎1,600円　ISBN978-4-571-42054-2　C3036

子どものアタッチメントを形成していくための技術や方法が具体的に書かれた、家庭養護実践マニュアル。

B. M. プリザント・T. フィールズ−マイヤー 著／長崎 勤 監訳
吉田仰希・深澤雄紀・香野 毅・仲野真史・浅野愛子・有吉未佳 訳
自閉症　もうひとつの見方
●「自分自身」になるために
◎3,000円　ISBN978-4-571-42066-5　C3036

自閉症の子どもを一人の人間として捉えなおし、その特性を活かしつつ共に豊かな人生を得る方法を提示する。

深谷昌志・深谷和子・青葉紘宇 著
虐待を受けた子どもが住む「心の世界」
●養育の難しい里子を抱える里親たち
◎3,800円　ISBN978-4-571-42061-0　C3036

里親を対象に行った全国調査をもとに、実親からの虐待経験や、発達障害のある里子の「心の世界」に迫る。

深谷昌志・深谷和子・青葉紘宇 編著
社会的養護における里親問題への実証的研究
●養育里親全国アンケート調査をもとに
◎3,800円　ISBN978-4-571-42052-8　C3036

養育里親への全国調査をもとに里親と里子の抱える課題を明らかにし、これからの家庭養護のあり方を問う。

◎価格は本体価格です。